自立と犠牲
ワンオペ女性のライフストーリー

梶原公子 著

あっぷる出版社

序章

本書のテーマは家庭、もしくは家族間におけるワンオペレーションである。ここではワンオペとのみ記述する。

ここで述べるワンオペとは、女性が仕事と家事、育児、介護を、夫などの協力を得ず、一人でしていくことを指す。いまもそのような女性は数知れずおられるだろう。ワンオペに翻弄されてきた私は七〇歳をとうに過ぎたいま、このテーマを語りたくてたまらないのである。

ワンオペなど人生の一つの思い出にすぎないと言われるかもしれない。しかし、二〇代後半から四〇代初めにかけておよそ一五年間続いたワンオペは、私にとっては、予測せざるものだった。大げさにいえば人生で初めて、しかもその後何十年にもわたって抱き続けた「怒りと怨念」を深く心に刻み付けるものとなった。

高校教師だった私のワンオペ生活は、長女を出産した二六歳からはじまった。思うに、ほとんどの女性は結婚したのち、仕事と家事、育児を全部すると生活がどういうことになるか、くらしにどんな苦難と問題が待ち構えているのかを知らない。私が大学時代をすごした一九六〇年代末から七〇年代初めは、まわりにいる「働く女性」は通っていた大学の助手一人だけだった。彼女は実習の傍ら私たち学生に「家事をやる暇なんかないわよ。家中大変な散らかりようよ」とよくこぼした。女子学生のほとんどが、働くことを考えるより「大卒」を肩書に「よいところに片付きたい」と考えていた時代だった。

私の結婚相手は長男だった。相手の両親とは同居はしない約束だった。ところが、私が長女を生んだばかりでまだ入院しているとき、彼は何の承諾もなく両親の家に引っ越していた。

二人目が生まれ、子どもたちを舅、姑に預けて出勤する毎日がはじまった。長男夫婦と同居し、孫の面倒をみる、それが夫の両親の望みだったのである。やがて日々の歯車が回転しはじめ、それはとどめようもなくなった。現代、ヨメは大事にされるというが、当時は「嫁いびり」が横行していた。「家族制度」が色濃く残る地方都市だったこともある。「家族制度」は家長を頂点とし、男を優先し、最底辺にヨメを置く。世間のセの字も知らなかった私にとって、それは悲運というよりほかなかった。

舅、姑（義父母）は決して悪い人間ではなかった。むしろ善人だった。二人とも大正生まれ。舅は七年間兵役に服し無事帰還、姑は前夫を太平洋戦争で亡くし、女の子一人を抱えて、帰還した元兵士の世話をしながらくらしていたと聞く。二人にとっては、ようやく手に入れた孫と息子と、そのヨメとの平穏な生活だったのである。

目を細めながら孫をあやす好々爺の舅を見るたびに、これでよかったと思う反面、夫とその両親の意向だけが先行し、ヨメはそれに従うという不平等な位置に立たされている現実に、理不尽ではないかという感情を抱いた。家族制度に基づいた結婚とは嫡男とその家族重視ということはわかっていた。しかし、自分の身に降りかかってきたその現実に怒りがこみ上げ、そのはけ口はなかった。

ヨメの立場は弱い。毎朝出かけるときは義父母に「よろしくお願いします」と言い、帰ってきたら「ありがとうございます」と言う。私が帰宅するのは一八時を回っていて、義父母は二人で夕食を食べている。夫の実家は、そのそばを通り抜けなければ二世帯住宅の自分たちの部屋に行けない構造になっていた。この「関門」を通らなくてすむのならどんなに気が楽だろう、と思わない時はなかった。善い人たちなのに一つ屋根の下には居づらいのである。帰宅拒否になりそうなこともあった。

一方の夫はどんなに遅く帰ろうと、家事、育児に関わらなかろうと、長男であるがゆえにすべてが免除されていた。午前様で帰宅する彼を蹴っ飛ばしたいと思ったことは一度や二度ではない。こちらが日中の仕事と家事育児で疲労困憊しているのに、家事の大変さをわかろうとしないし、労おうともしなかった。

〈こんな不平等がまかり通ってよいものだろうか。これが両性の平等のもとに営まれる結婚生活などと、いったい誰が認めるのだろうか?〉

怒りと怨念は私のなかで日々増幅されていった。その感情は当然夫と義父母に向かった。ただ、この感情をストレートに夫にぶつけたとしても、夫婦げんかになって多大なエネルギーを使うだけだ。そのうえ、何の解決ももたらさない。〈ここは黙って耐えておいたほうが利口というものではないか〉私はそう思い直し、子どもたちを寝かしつけ、明日のためのエネルギーチャージの眠りにつくのだった。

当時はまだ戦前の「家族制度」が生きていたことは先にも書いた。ことに地方ほどヨメは粗末に扱われていた。「ヨメとは婚家につかえるものだ」という意識がまだまだ強かったのである。夫と義父母は「家族制度」の盾のなかで守られていた。私がどんなに強い矛をもって突いたとしても、その盾は頑健で壊れることはなかった。なぜなら、この場合の盾とは社会、もっといえば男社会であり、男社会とは日本という国、政府そのものだったからだ。この事実に気づくのは、もう少し時間が必要だった。

七〇年代末から社会は急転換した。高度成長による豊かな生活になった。にもかかわらず、日本の男女平等意識は遅々として進まず、先進国から鋭く批判された。私がフェミニズムに関する書物を読みはじめたのは、このような社会背景のなか、ワンオペになってからのことである。八一年『新しい家庭科We』（ウィ書房）に出会った。この雑誌は、家庭科を女子だけ必修にするのは教育の男女平等に反するとして、国の教育制度の是正を求めることを目的としていた。高校の家庭科教員だった私は、その主張に共感した。雑誌の趣旨に賛同する旨の意見、授業で実践した報告を投稿し、掲載していただいたりもした。読んできた書物、We誌の記事、自分の授業実践を通してわかったのは「敵は家族ではない。義父母や夫を責めるべきではない。敵は明治につくられた民法に基づく家族制度と男社会である」ということだった。つまり、国家、政府が、女性にワンオペを押し付ける構造をつくり、維持しているということだった。

現在でも、仕事、家事、育児を一人でこなす女性は多くいる。本書では、ワンオペを自認する女性に、それについてどう考えているかの聞き取りをした。驚くことに、彼女たちのワンオペの内容が四〇年前の私と同じだったのである。加えて、彼女たちのほとんどが、ワンオペを「デメリット」と捉えていた。

朋子さん（六一歳、仮名）は短大卒業後、スタイリストの道を歩んできた。彼女は二四歳で結婚。その後も仕事を続けた。結婚相手の彼はあまりにも家事をしない人だった。

「私が夜一一時過ぎにようやく帰宅したことがあったんです。その時彼はソファで寝ながら、私が夕食を作るのを待っていたんですよ」

朋子さんは彼が家事をしないことに耐えきれず、離婚した。その後、彼女の仕事は順調に進み、キャリアアップしていった。そして六歳年上の彼と二度目の結婚をした。家事もきちんとできる人だったが、物理的、金銭的問題から離婚することになった。その間、三四歳で娘を出産。いったん実家に帰り、仕事を続けた。

ここからが彼女のワンオペの本番だった。そのころ実家には母親しかおらず、しかも病気がちだったため、家事は彼女が負うことになった。就業時間が不規則な仕事のため家事、育児の両立はキャリアアップするたびにきつくなっていった。それでも朋子さんは一人で家事と育児をこなし続けた。そこまで話すと、朋子さんは静かにつぶやいた。

「ワンオペって千手観音ですよね」

「千手観音！」

彼女がつぶやいた言葉に、私は違和感と同意とが混じった感動を覚え、「確かに！」という納得とほのかな希望が一瞬走った。一人で短時間にいくつもの違ったことをこなす、あの手この手で、それも家族のため。だとしたらワンオペを千手観音に例えてもいい。朋子さんはさらにこう言った。

「トシだからって戸惑わないで生きたい。二〇歳で社会に出たばかりは、世の中のことを何もわかっていなかった。でもいま、これからのことをいろいろな観点で見ることができるようになった。それもこれもワンオペを何年もしてきた中での経験が自信につながっているように思えます」

そう言った後、彼女は付け加えた。

「いまの二〇代の婚活はとてもシビアです。男性があるお見合いサイトに登録するとき、〝家事はできるだけ手伝います〟は問題外で、〝家事のサポートをします〟でも書類審査で落とされる。〝今日の冷蔵庫にある食品だけで三品の料理を作れます〟だとパスなのだそうです。しかも男性も外見が重視されます。でも考えてみれば、これまで女性がされてきたことと同じですね」

「ワンオペの経験が自信につながっている」という彼女の意見に、私も同感だ。私自身もワンオペを通して、その立場に怒りを抱く反面、忍耐力、辛抱強さ、仕事を効率よくこなすコツ、家事を家族に気持ちよく担わせる方法などが備わったように思う。短気な私がちょっとしたことでキレなくなった。ほとんどのことを「まあ、いいか」と思えるようになった。

そう考えると、ワンオペにはいいことが結構あるのではないか。

歳をとれば誰しも現役ではなくなり、ライフステージは変わる。ことに定年後、年金生活というステージは長くなった。かつての「老後」とは違う、生き方への備えが必要となった。そんなとき、ワンオペをしてきた経験と積み重ねてきたスキルは、次のステージにいくときの抵抗や不安を和らげてくれるのではないだろうか。さらにいえば、女性だけがワンオペをするのはもったいないのではないだろうか。男性もどんどんワンオペをしていけばいいのではないだろうか、と考えたのである。

本書は様々なワンオペ経験者の聞き取りを通して、ワンオペは悪いことではないのかもしれない、あるいは希望なのかもしれないという思いをもって、何気ないがゆえに人生に埋もれていきかねない、ワンオペという現象に潜む真の姿をみつけていく試みである。

目次

第4章　フェミニズムは女性の味方か？　87

第5章　マリコと居酒屋の亭主　113

第6章　良妻賢母な女性たち

第7章　女性の資質と責任　163

終章　自立と犠牲　183

本書の登場人物はすべて仮名、年齢は取材当時のものです。

第1章　女性は見た目

化粧をするわけ

私は毎朝化粧をする。「シワにパウダーを塗りこめるだけじゃない」と言われようと何と言われようと、ドレッサーの前に座って顔に化粧品を次々に塗りつけている。この作業は社会に出てからのルーティンで、飽きることなく五〇年続けている。世の中には化粧をまったくしない女性もいるし、女子会などの集まりやイベントの時だけする人もいる。一日中家にいるときはしないが外に出るときだけする人もいる。熟年や定年を境にやめる人もいる。やめた人は「ああ、朝が楽になったわ」「顔に何もつけないって、さっぱりしていて気持ちいい」と言う。しかし人は人だ。私ときたら一日中家にいて誰とも会わない日でも、歯磨きと同じくらい当然のように化粧するのである。

「化粧って面倒よね」と友人が言う。確かにその通り。何よりまず〝正しい〟洗顔にはじまり、基礎化粧品で肌の下地を整え、いつもの手順に沿ってメイクをしていく。夜はこれら化粧品を落とし、明朝のコンディションに備えあれやこれやの手入れをする。

女性は体調が顔に出やすい。疲れたとき、飲みすぎ食べすぎたときやストレスがたまった時は、必ずというくらい顔色が悪くくすんだり、吹き出物ができたりする。化粧ではどうにもならないことも多い。さらにこの作業を朝と晩、三六五日行えば、一番使う化粧水がすぐに切れる。それをこまめに補充し、年齢を重ねたら適したものに切り替える。手間と暇とお金とエネルギーが要る作業だ。化粧をしなかったらどんなに楽かと思わないではない。それにもかかわらずなぜこの面倒なことを飽きることなくするのだろうか?

「トシをとっても見栄えをよくするため」

「男のため」

もし答えがこの二つのうちいずれかだとしたら、一日中誰とも会わないのに化粧をするのはなぜか、我ながら合理的理由が見つからない。もちろん「何十年もの習性で、やらないと落ち着かない」ともいえるが、決してそれだけではない。

かつての職場(高校教員)で、化粧を話題にすることはまれだった。化粧をしない女性教員が多いこともあったからだ。それでも何人かは必ず化粧をしてくる。彼女らと化粧について話しはじめると誰もが「私は男のためにしているわけではない」と言い、ほとんどがこれに賛同する。理由としては「自己満足、自己肯定のため」が意外と多い。

「朝化粧をして鏡を見る。フィニッシュに口紅を引き、本来の自分を消して別の自分を確認。

〈これでよし、今日もがんばるぞ〉と自分に同意をとり、鼓舞するのよね」と。

私もこれに同感だ。この回答は賃金労働に携わる女性に共通するものであり、言わずもがなのことだからだ。化粧とは無意識のルーティンでもある。

化粧品を買う

私は自分の顔が嫌いだ。ともかくあらゆるところが気に入らない。だから化粧する。シワ、シミ、タルミ一つない美形だったら好きになれるのだろうか。実際にそのような顔ではないので想像がつかないが、やはり何らかの不満は残るかもしれない。もちろんこの話は、顔の美醜は好みにもよるし民族、人種、年齢によっても基準は異なることを前提にしている。顔とはそんなに単純なものではないからだ。一夜にして白髪になるほど内面、精神性に影響される。そういう微妙なものだ。

思春期になると男女問わず鏡を見るようになる。鏡に映った自分を受け入れ、認めようとするが、たいていは気に入らない部分が目に入ってくる。少女たちは気に入らないところを消し去る方法として化粧をするようになる。それは彼女たちの「特権」「特徴」といってもよいだろう。化粧は本来の自分を隠し、別物に変える。大人になるにつれ、それが化粧というものだとわかってくる。

大学在学中、すでに多くの仲間はコンパクトをのぞき込み、化粧に専念していた。それを横目で意地悪く眺め「なんて無駄なことを……私は化粧なんかしないぞ。世の女性は化粧をすれば美しくなると本気で信じているのだろうか」と思ったものである。

ところがあとひと月もしたら社会に出るという卒業を目前にしたとき、私は突然デパートの化粧品売り場に行った。当時、化粧品といったら資生堂、ポーラの時代で、大学生、ましてや高校生でも買える安価なものは存在しなかった（ちふれという安価なものはあった）。美容部員に化粧をしてもらうことを前提としたこの行動は、清水の舞台から飛び降りるような覚悟が必要だった。

美容部員の手によって私の顔はみるみる変わり、別物になった。鏡に映ったその顔はキレイでもかわいくもなく、むしろグロテスクでさえあった。私は初めて化粧をした自分の顔をまじまじと見た。「自分はこの顔と一生付き合うのか」という絶望的な思いに襲われた。そのような気持ちを知る由もない美容部員は、出来上がった私の顔を鏡越しに見ながら誇らしげに、慇懃に言った。

「これら一式お買いあげになると○○万円です」

そんな大金を持っているはずがない。私は父の勤務先を思い出し、無心に行った。父は化粧したわが娘を見るなり一瞬ギョッとしたが、黙ってお札を渡してくれた。

化粧した顔はまるきり変だった。濃すぎる眉、パンダのようなアイシャドウ、おかめ顔負けの頬紅、真っ赤なルージュ、どれ一つをとっても吹き出しそうだった。帰宅するや否や顔を洗い、化粧を落とした。落として改めて自分の顔を見た。鏡に映った素顔を、私はやはり好きになれなかった。

広すぎる額は小学生の時ワルガキ男子に「オデコ」とか『デコ』と呼ばれた。そのあだ名を快いとは思わなかったが、むかつくほど嫌だと思わず気にも留めなかった。

父に買ってもらった高価な化粧品を使うには、どうしても朝晩自分の顔と面会しないわけにはいかない。好きになれないこの顔と一生涯付き合わなければならない自分を気の毒に思った。額が広いだけではない。眉、目、鼻、口元などパーツのどれもが顔全体のバランスと形のよさに欠けていた。顔というものは長ずるに従って、老いと共に変容するという現実を知るのはずっと後である。

顔とは何か？

中学二年くらいのことだ。私は二つ歳上の姉と電車に乗っていた。四人掛けのボックス席に姉と並んで座った。私たちの前には若くも年配でもない女性が一人で座っていた。電車を降りプラットホームを歩きはじめるなり姉が言った。

「いま、目の前に座っていた女の人の顔を見た？」

そのころ私は他人にほとんど興味、関心がなかった。自分のことで頭がいっぱいだったからだ。自分はこんなふうでいいのか、いやだめだなどを日記に書き連ねるのが日課だった。

「見てないよ」と首を振ると姉は言った。

「あの人はねえ、眉毛も目も鼻も口もほんとに整っていてどれもキレイなの。だけどね、顔ってパーツの集まりでしょう。一つ一つはよくてもそれが集まると、まるきり美人じゃなくなる、そういう顔だった」

整ったパーツが一つの顔に集まっても美人ではないことがある。それぞれが勝ちすぎるのか、位置がいけないのかわからなかったが、姉の指摘に少なからぬ衝撃を受けた。「要はバランスの問題かな」姉は独り言のように言った。これは私にとって一大発見だった。人間の顔とは単に美醜では言い表せない奥深いものがある、という発見だった。しかし、初対面の人を見るとき、まず顔を見るし、見ざるを得ない。判断の対象となるその顔は、部分と全体の調和、その人間のもつ精神性という抽象的なものが関係している、という発見でもあった。美人不美人という平板な形容、ありきたりの基準では計り知れないものであるということだった。

その時初めて顔とは何か、理想の顔とはどのようなものか、美形とはどのような形か、よい顔とはどのようなものかというごく単純な疑問を抱き、渦を巻くようにいろんな回答が沸き上がってきた。

髪は力

見栄えのなかで髪は重要な働きをしている。

高校教員をしていた九〇年代末の話である。高校二年のクラスで朝のホームルーム（ＨＲと記述）で出欠を取っていたときのことだ。前列に座っていた里美の髪がいつもと違うのに気がついた。いつもはふんわりとしたカーリーヘアを一つに束ねていた。それが今日はストンとしたストレートのボブヘアなのだ。ＨＲが終わった時「いつもと違うヘアスタイルだね」と声をかけた。彼女は少し誇らしげに「うん、ストパー掛けたの」と答えた。

「どうしてかけたの？」

「私ね、くせ毛でしょ。だから今日みたいな雨だと朝から髪がうねって始末におえなくなるの。そうすると学校に行くのも嫌になって泣きたくなる。それで思い切ってストパーにしたらきれいにまとまっているでしょ。それが嬉しくて」

「わかる。私もそうだから」

私は髪が細くネコっ毛だ。ケアを怠ると枝毛、切れ毛になりやすく、湿っぽい朝はせっかくブローした髪がまとまらず出勤がイヤになることがある。すると里美は「じゃあ、センセイもストパーにしたら？」と言った。

女性にとって、ことに朝、髪にかける意気込みと時間は並大抵ではない。髪は女性の気持ちを大きく支配する力がある。ことに十代から二十代の若い女性にとって、前髪の長さと形は命である。朝、髪がうまくまとまるかどうかは、一日の幸福度を決める。一発でまとまる日はとてもハッピー、出勤も登校も難なくこなせる。だが、まとまらない日は憂鬱になる。里美のストパーの威力は痛いほどわかる。

しかし学校という場は妙である。校則によれば「クルクルにするパーマはいけないが、クルクルをストレートにするパーマはお咎めなし」なのだ。

ともかく、里美の言葉に触発された私は、数か月後ストレートパーマ（実際は縮毛矯正という）をかけた。すると髪の手入れが実にスムーズになった。思うままに髪がストンとまとまる。その後一〇年近く、四か月に一度くらいのペースで縮毛矯正を続けたが、ある時を潮にやめた。髪が痛むからだ。縮毛矯正はかなり強いクスリを使うので、髪や頭皮に負担が大きい。それに、髪の悩みはトシとともに変わる。五〇歳をすぎてくると、まとまるかどうかよりも白髪が多くなるとか、薄毛だからウイッグを買おうかという悩みにシフトしていく。

おそらく女性にとってキレイな髪でいたいという思いは、何歳になっても変わらないのだろう。その気持ちは女が生きるパワーであり続ける。

自分で自分に折り合いをつける

やはり教員だったころの、高校一年生だった久美子のことを思い出す。彼女は新入生として私のクラスにいた。夏休み前の保護者面談で、久美子の母親と話をした。久美子はさほど目立つ生徒ではなかったが、成績はまずまず。そんな当たり前のことを話していると、母親は急に顔色を変え、声を潜めて言った。

「センセイ、実は久美子のことで気になることがあるんです。何かに悩んでいることはわかっていましたが、どうやら自分の顔のことらしいんです。もっとかわいく生まれたかった、と思っているようで」

そうだったのか、と合点した。久美子はいつもじっと下ばかり向いている生徒だった。あれは自分に自信がないからなのだと。高校一年生くらいだと、たまに彼女のような悩みをもつ生徒に行き当たる。「私の経験からですが」と前置きして、母親に言った。

「十代の女の子が自分の顔を気にするのはよくあることです。当たり前といってよいでしょう。こんな顔だったらと理想を描くものですが、理想が必ずしもその子によいとは限りません。高校を出て大学に行き、社会に出ていろんな経験をするうちに、自分の理想と現実との折り合いをつけ、自分はこれでいいのだと、きっと思うようになりますよ」

「自分で自分に折り合いをつける」これは私自身の経験であった。ただ、この方法は意識の合理化であって、必ずうまくいくものではないかもしれない。

私と同年齢の友だちで、すでに七〇歳を超えている治子さんはこう言う。かつて彼女が某大手商社で仕事に明け暮れ、家事に明け暮れ、かなり稼いでいたときの話だ。

「私ね、毎月給料が出るたびに最低でもスーツやワンピースを一着、セーターやカットソーならまとめて何着も買っていた。このトシになって着ない服も多いけど、捨てられない。私、二〇代のころのウエストサイズ六二・五センチを保ち続けている。それもこれも買った服を着るためなの。だからボディサイズを変えないように努力している。今は夕食に炭水化物を食べない」

ボディラインを服に合わせ続ける、だからサイズチェックを怠らないという話は二〇代女性からよく聞く。しかし二〇代のウエストサイズを七〇代まで保つことは至難なことだ。スーツを着るときの一番のポイントはウエストである。多くの場合、スーツのスカートはセミタイトである。ウエストがきっちり入ればスーツはきれいに着こなせる。

彼女がこんなにも服を買ったのは、たまったストレスを解消するためでもあった。気に入った服をいつまでも着たいという欲求は「男のため」ではなく、自分癒しのためなのだ。

私も、三〇年前のスーツを着ようとすることがある。理想と現実の狭間で服と格闘する初老の女を見て、人は「なんで七〇代になってまで、若い時の服を着なければならないの？　なんの意味があるの？　年相応でいいじゃない」と言う。その答えは簡単だ。

「やっぱり見栄えをよくしたいから」なのだ。

ボディラインを維持したい理由はもう一つある。それは「私の身体は私自身のもの」という考えをいったん排して、「この世で生きるために便宜的にあつらえられたもの」という考えにたどりついたことである。その人の顔かたち、肌の色、身体的特徴はその人に総合的にうまくマッチしたものであり、私はそれを着ているにすぎない。そう考えることで、自分を客観視できるようになり、気が楽になった。

かつてフェミニズムに心酔していたころ「私の身体は私のもの」「生む、生まないは女性が決める」というキャッチフレーズがあった。このフレーズは新鮮であったし、触発もされた。ウエイトコントロールは自己責任だと思っていた。だがその一方で「どこか違うのではないか？　私の身体は確かに私のものではあるが、家族のため、社会のためのものでもあるのだから、丁寧に使わなければいけないのではないか？」という思いを抱くようになった。

母親が私を生んでくれたのは間違いない。私は生きている限り顔を含めたこの身体を自分のため、他人のために使い続ける。ただ、使い終わってこの世から去る時、私のこの亡骸はどうなるのだろうか？　物理的には灰になって埋もれていく。だが、身体はいずれ借り物だからなるべく丁寧に、損傷なきように使い続ける、それが人間として与えられた身体に対する礼儀、もっといえば尊厳というものではないか、と。

一人一人の性格、人柄に似合った姿かたちは、その人に似合ったようにつくられているのではないか。そう感じるようになったのは、社会人になってだいぶすぎた頃だ。このような感覚をもつようになって、ようやく自分の身体、顔、髪になんとか満足できるようになった。満足することで、七〇歳になっても化粧し、ボディケアをする意味を感じるようになった。

高校生の久美子は、まだこのことに気づいていなかった。自分の外見をどのように解釈すればいいか、気に病んでいたのだ。

同調圧力に屈する

「なぜ化粧をするのか」という当初の問いにはまだ書いていない答えがある。

思うに、社会規範や慣習が緩く、同調圧力が弱い社会ほど女性が化粧する割合は低くなるのではないだろうか。反対に「女性はかくあらねばならない」という無言の圧力、規範の強い社会ほど女性は化けて装い、本当の自分を消して別の自分になるため化粧するのではないだろうか。

このことを強く感じたのはヨーロッパの西の果てにあるポルトガルの首都、リスボンに一週間ほど滞在した時だった。ポルトガルはユーラシア大陸の最西端にある。この国は紀元前にはカルタゴに、のち古代ローマ帝国に、そしてその後オスマン帝国に支配されてきた。この観点からみるとヨーロッパの果てというより、地中海諸国の一部であり、大西洋をはさんで新大陸に出かける玄関口に位置する国だ。だから、白人のほかアジア、アフリカなど多くの民族がこの国を通過し、定住してきた。

実際、リスボンの街を歩くと褐色や黒色、あるいは黄色などカフード（有色人種）が多い。髪の色も黒、茶色、ブロンド、グレーと多様で、ストレートヘア、カーリーヘア、アフロツイストと呼ばれる編み込みなど様々だ。一〇代の少女は、アフロツイストの毛先に銀色や赤などビーズの飾りをつけ、ジャラジャラさせながら誇らしげに歩いている。体型も痩せた人より太った人、胸が大きく、小玉スイカ二つくらいはありそうなヒップの人が、何の不都合もなく体形丸出しの服を着ている。そんな若い女性が朝から彼氏と街角で、バスや電車の車中で堂々とハグし、キスをしている。ダイエットなどという言葉はこの国にはないらしい。

「何でもありなんだ！」

街角に立ち、坂道を上り、そして下り、大西洋を望む浜辺近くで焼いたイワシを白ワインで流しこみながら、私はこの街の自由というものを味わった。この国は社会の枠組みが緩い。そして同調圧力というものがたいそう低い。多様な人種が多様な言葉でしゃべり、多様に生きているからだろう。たいそうな解放感だった。丁寧に化粧をしている自分がひどく滑稽に思えた。イワシと白ワインがおいしいこの街では、化粧という行為はあまりにも意味をもたなさすぎる。ボディサイズの「標準」や「規格」も無意味である。もちろんこの街でも、外見で女性を見ることはあるのかもしれない。だが、女性の本質は決してそこにないことを感じた。

ちなみにポルトガルのジェンダー・ギャップ指数は世界三二位、お隣のスペインは一八位。参考までにフランス四〇位、アメリカ四三位。「自由」を標榜しているフランス、アメリカよりもこの国の男女格差は小さいのである。なお、わが日本のジェンダー・ギャップは先進国で最低の一一八位（二〇二四年）。この指数は次の言葉を想起させる。

「女性の置かれている現実は、相当な程度でその社会の現実を決定する」（ミヒャエル・クナップ他、山梨彰訳『女たちの中東　ロジャヴァの革命』二〇二〇　青土社）。

女性を外見で判断し、女性蔑視の酷い国ほど男女格差が大きい。こういった社会では女性が自分らしく、社会に溶け込みつつ生きるのは難しい。

日本において化粧をして見栄えをよくすることは、社会に出る前にあらかじめ男女格差のハードルを跳び越し、男性と同じテーブルにつくために必要な行為である。化粧とは女性が社会で差別されないために、男社会に参入するために、その土台作りをする行為である。私が化けて装ってきたのは、まさに社会の同調圧力に屈していたがためであった。職場という社会の枠組みに入り、溶け込み、スムーズに仕事をこなすための必須事項であった。言い換えるなら「私は同調圧力に屈しています」という意思表明なのである。就職を目前にして、突然デパートに飛び込んで化粧品を買ったのも、これから社会に受け入れてもらいたいなら化粧をしなくては、という無意識の圧力を感じたためだった。

賃金労働を続け、より高い評価を受けるための基礎作りが化粧である。だが、メイクしてもなお、私には本音の自分がいた。本音の私はメイクにいそしみながら、いつも心のどこかで舌打ちしていた。舌打ちしながら化粧をする事実は、男にはない不要なエネルギーをかけているという、暗黙の掟を受け入れている自分がイヤだという本音にある。女性の何割かは、社会に出る時点ですでに男に後れをとっている。

さらに、毎朝の化粧と身づくろいは、やがてやってくる「ワンオペ」のスタートラインにつくことを意味していた。

女性の自己防衛

もう一つ、女性と見栄えの関係で見落とせない役割がある。端的にいえば化粧もオシャレも楽しい。だから趣味になるくらい化粧品に凝ったり、エステにはまったりする。さらに大事な役割がある。それは「化粧や見栄えのよさは女性の自己防衛の手段である」ということだ。

見栄えをよくすることと自己防衛とはどう関連するのか？　先に述べた社会に屈し、同調圧力に屈するということと相反するのではないか、と思われるかもしれない。同調圧力に屈することでありながら自己防衛であるのは、化粧及び見栄えのよさがもつ両義性である。

見栄えのよいことのどこが自己防衛になるのだろうか？　そもそも自己防衛とは何を指すのだろうか？　この問いに対する答えとして、先に挙げた著書『女たちの中東　ロジャヴァの革命』のなかの一節を引用したい。

「生き物のすべての種には、それ自身の防衛システムがある。ただの一つも無防備な種はない（略）。固有の生き方や成長の仕方や他者とのかかわり方に従って、自己防衛の手段を作り上げねばならない。自衛の仕組みをもたない社会は、アイデンティティ、民主的な意志決定の能力、政治を失う」

本書の舞台はアラブの地シリアだ。「女性はアラブ文化のなかでは、ほとんど奴隷です」という状態である。この言葉をまねるなら「日本女性は先進国中、その地位は最下位です」となる。だが本書の中でクルドの女性たちは、この悪習を打ち破るような理論のもと、一歩ずつ解放の歩をすすめ、武装して闘う。そのもとになる理論として次の言葉が書かれている。「女性の潜在能力を最大限に活用できない社会には、大きな弱点がある。社会の衰退は女性の地位低下とともに始まった」

「女性の解放があって、初めて社会の解放が達成される」

かなり過激な言葉だ。これを読むと多くの人は「アラブ、ロジャヴァの女性の状況は私たち日本にとって非現実的な光景だ」と思うだろう。日本人女性が武装して戦闘に参加しなければならないことはまずない。しかし、本書に登場するロジャヴァの女性は迷彩服に銃を持つばかりではない。本書には「青年革命女性会議」「女性のデモ」「物資不足に対処するクルド人女性」など多くの写真が掲げられているが、写し出されている女性はどの人もとりどりのヒジャーブ、スカーフ、ワンピースなどを身に着け、たいそうオシャレで、見栄えに気を遣っている。

一方、平和といわれる日本でも多くの女性にＤＶやパワハラ、貧困といった危機の可能性がある。そうであれば日本の女性も自己防衛が必要だ。環境や人種、歴史、宗教は違っても「敵」から身を守らなければならないのはアラブ女性も日本女性も変わらない。ここで次のように問われるかもしれない。

「自己防衛と化粧や衣服、髪によって見栄えよくすることとはどのように関連するのですか？」

自己防衛は女性にも男性にも必要だが、ことに女性には必須である。化粧や見栄えは自己防衛のうちの一つにすぎないかもしれない。しかし女性にとって化粧が、衣服や髪こそが、手軽にできる、かけがえのない、しかも容易な自己防衛手段である。「女は見た目」であり、化粧や衣服などトータルな見栄えによって、別の自分を誇れる存在として演出でき、男と同じ土台に立つことができる。女性がたとえ傑出した政治力や財力をもたないとしても、「見た目」をつくり出すことで感性と知性を高めることができる。これら感性と知性は彼女らの身を護る盾になる。日常生活を切りまわし、現実を動かす力を養ってくれる。この力は不平等で理不尽な世界を生き抜き、住みやすい社会に導くための知恵であり、武器にもなる。

美しくあることと解放されること

美しさ、美しく装うとは美人不美人、美醜の問題ではない。見た目の美しさをどこまでも追及したい、という思いこそが女性の存在の根源であるからだ。このことを二〇一五年のノーベル文学賞受賞者、ウクライナのスヴェトラーナ・アレクシェーヴィッチは『戦争は女の顔をしていない』（三浦みどり訳、二〇一五　岩波書店）[1]で「兵隊であることが求められたけれど、かわいい女の子でもいたかった」と題して、次のように述べている。

「……戦争に女らしい日常などあり得ないと思っていたからだ。そんなことは不可能でほとんど禁じられていると。でも、私は間違っていた。何人かの会見で気づいたことだが、女たちが何の話をしていても必ず（そう！）美しいことを思い出す。それは女性としての存在の根絶できない部分。（略）「男向き」日常「男がやる戦争」のただなかでも自分らしさを残しておきたかった。女性の本性に背きたくない」

戦争中であっても日々紛争の続く地域でも、女性は美しくありたいと願う。ならば、日本のように平和な国の女性が、自己防衛として自分の美しさを探求するのは当然ではないだろうか。

1・本書は第二次大戦中の独ソ戦に参戦した、ソ連の女性兵士への聞き取りである。

女性は見た目が大事なのである。しかし、女性自身が本質的に美しさを求め、そうありたいと思い実践することと、社会の尺度が女性の価値の筆頭を見た目だとすることとは全く別である。女性の価値を見た目だけで測り、「若く、美しい」を最上位に置く社会は非民主的であり不自由である。文化レベルが低く、成熟していない社会でもある。言い換えるなら、文化的レベルが低い国ほど、女性を見た目だけで、若さと美しさだけで評価するのである。

女性がおしゃれをすることと、女性が社会的に解放されることは両立する。女性の評価は決して外見だけであるはずがない。そうであってはならない。「女性ならでは」とか「主婦として」という枕詞も不要である。人としてその人の資質が、人となりがどうであるか、いや、そんなたいそうなものなどなくてもいい。まずは存在そのものが重要である。ジェンダー・ギャップ指数が世界一一八位の日本は、女性を外見だけで決める国であり、同調圧力が強く、保守的で女性蔑視の国である。しかし個人は弱い。私は今も同調圧力に屈して化粧をしている。この圧力がなかったら、私はどんなに解放されるだろうか。

次章から述べる「ワンオペ」の話は、この国の女性はいったいどのようにすれば解放の道をたどることができるのか、この問いの答えを見つける旅でもある。

第2章　彼女を褒めて

「無意識の差別」

ワンオペであると自認している女性への聞き取りで「ワンオペはメリットがある」「有益なことがある」と答えた人は誰もいなかった。全員が、自身が日々行っているワンオペに否定的だった。なぜ彼女たちは「ワンオペはデメリットしかない」と言うのだろうか？　それにもかかわらず、なぜこなし続けるのだろうか？　本章ではこの理由を考えつつ、ワンオペとはなんなのか、どう捉えればいいのか、その深層に迫りたい。

昨今「ジェンダー平等」「男性の育児参加」という用語がよく使われる。だが、標語とは裏腹に男女平等は進んでいない。「都道府県版ジェンダー・ギャップ指数」[2]（二〇二四年上智大研究者作成）によると、政治分野の指数は四七都道府県の平均が〇・一九と、一に遠く及ばず「政治は男の世界」であり続けている。このことは自民党政治の凋落につながっているように思われる。片方の性だけが政治を担うと社会の不平等が起きるからだ。

2・政治、教育、行政、経済の4分野を数値化して決める。数値が1に近いほど平等を示し、0に近いほど格差が大きい。

ジェンダー・ギャップ指数を決める四分野のうちの「経済」は就業率の男女比、家事、育児参加が含まれているため、ワンオペと深くかかわっている。「経済」の指数は、四七都道府県いずれも〇・四くらいである。女性の「経済」力はいまだに男性の半分にも満たない。この点を当研究チームは次のように解説する。

「働く女性の比率が高いのに賃金は男性との差が大きかったり、家事育児時間で女性への偏重が著しかったりする地域があった。賃金格差の背景には、女性は家事育児の多重負担で、キャリアアップまで力を注げない」（東京新聞二〇二四年三月一〇日）

賃金格差が生じるのは女性を低く評価する現実があるからだ、という指摘もある。

「女性の低い評価の背景には『偏見』や『慣習』といった、数値などの合理的な物差しで説明できない『無意識の差別、格差』が影響している」（東京新聞二〇二四年三月八日）

「説明できない無意識の差別」とは、非論理的で非合理、理不尽な現実があるということだ。「現実が理不尽だと思うのならそれを説明し、改善すればよいのではないか」と言われるかもしれない。だが、ワンオペをしてきた女として感じるのは、「理不尽で説明しがたい現実」だからこそ説明しづらく、感覚的な側面が強い。そのためワンオペを経験したことのない人と、共有しづらいのだ。

しかも「無意識の差別」を説明し、改善を考えるよりも、日々の現実のほうがずっと早く進んでしまう。考えたり説明したりする暇を与えてくれないのである。日々のくらしを切り回し、追いつくことで精いっぱい。「理不尽で説明しがたい現実」の原因追求をしたり、改善に向けてアクションを起こしたりしているヒマがない。「そんなヒマがあったら一人でするわ」と、ルーティンワークとして受け入れ、黙ってワンオペを続けるほうが、手間がかからないのである。

先の統計結果とワンオペをする女性の実態を照らし合わせると、ワンオペは「無意識の差別」という男女不平等社会を土台に成立しているといえる。

死ぬほど疲れる

私自身がワンオペだったのは一九八〇年から九五年の一五年間くらいで、数十年も昔の話だ。当時「ワンオペ」という言葉はなかった。共稼ぎをはじめたころ、校長から「二足のワラジを履くようになったね」と言われた。これは同情してそう言っているわけではない。「まあ、せいぜい頑張りなさい」というあしらいと一抹の揶揄である。そのころは二〇代前半で結婚、その後出産という人が多かったから、子育てを含むワンオペは二〇代半ばごろにはじまり、四〇代はじめくらいには終わっていた。晩婚、晩産の今日では、おそらく三〇代半はじめないし半ばから四〇代後半くらいまで続くと思われる。

聞き取りをしていて驚いたことは、三〇～四〇年間という時の流れがあるにもかかわらず、女性の置かれている立場はあのころの私と大きく変わっていないことだった。一九七〇年代後半はまだフルタイム勤務の女性は少なく、職種もずっと限られていた。そのかわり保育園にはすぐ入れたから「日本死ね」とは言われなかった。

フルタイムで稼ぐ女性にとって、ワンオペが及ぼす肉体疲労は並大抵ではない。一日が終わるとぐったりする。「デメリットしかない」と感じるのは当たり前だ。彼女らはともかく毎日の仕事のノルマを果たすことを優先する。終業時間まで会議があってそれが長引いたりすると〈早く帰って家事をしなければ〉とイライラが募る。だから私は会議の時は必ずドア近くに席を取り、正面の時計を見ながら一七時ぴったりになったらそっと退出して帰宅していた（当時、学校では会議が一七時を回った時は、翌日その分早く終業してよいことになっていた）。帰宅途上真っ先に脳裏に浮かぶのは「冷蔵庫には何があったかな。この料理を作るにはあれとこれをスーパーで買わなくては」ということだ。同僚の女性で、昼休みにスーパーに出かけ買い物をし、職場の冷蔵庫に入れておく人もいた。一分でも早く保育園に迎えに行き、帰宅したいのである。

「都道府県版ジェンダー・ギャップ指数」の統計には、女性の私的内面にかかわる分析はほとんどない。物理的、肉体的な疲弊以外に、男中心の社会構造のなかで稼ぐ女のほとんどが抱える、私的内面的な葛藤は深刻である。仕事はきちんとやりたいしスキルアップもしたい、もちろん子育てもちゃんとしたい。でも日々はこんなに大変……。いまでも子どもの問題は母親の問題とされることが多い。この葛藤はワンオペのデメリットの一つである。

ワンオペに関する問題は、社会構造の分析だけではとても解決しがたい。この点も「説明できない無意識の差別」と呼ばれる所以だろう。社会構造は厳然として変わることはない。とはいえ社会は原理と理性によってのみ動くものではない。社会でくらす一人一人の内面には、思い、感情とさらにそれらの底にある悲痛な嘆きや苦しみ、憐れみを乞う気持ちがある。こういったワンオペ女性の思いや感情に寄り添うこと、苦しみを聞き、サポートする人と場が必要ではないだろうか。そのような人と場の存在があれば、社会そのものを男女不平等から引き戻す大きなエネルギーになるだろう。

女性たちは帰宅後すぐに着替え、料理に取り掛かる。なぜか忙しくて猛烈に疲れているときにかぎって揚げ物をしたり、凝った中華を作ったりする。作りたくなるといってもよいかもしれない（この理由はあとで述べたい）。夕食を子どもたちに食べさせ、自分も食べたあとようやくほっと一息つく。つい横になってウトウトする。

九〇年代後半までは、学校も土曜日は休みでなく昼まで仕事があった。終業して帰宅すると午後二時過ぎだ。週休は一日半足らず。これを一週間こなすとまさに〈死ぬほど疲れ〉る。太っているヒマなどないのである。これは私の事例であるが、平均的なワンオペの一サンプルになるだろう。

ある薬剤師の日々

優子さん（四五歳）は、高校生の時母親から「研究職になったら」と勧められた。その結果、薬剤師になった。いまは母（七二歳）と夫（四六歳）、高校一年と中学二年の子どもの五人家族。出産は二九歳と三一歳の時だ。彼女の両親は優子さんが一一歳の時に離婚している。

二三歳で働きはじめた時はドラッグストア勤務だったが、調剤の仕事をしたかったので転職した。新しい勤務地は自宅から車で二〇分程度。主な仕事は処方箋の受付と調剤業務である。現在は薬剤師会の理事をしながら、正社員で週三六時間労働という「好条件」の薬局に勤めている。

優子さんの一日は六時半起床、八時半の出勤にはじまり、一九時に帰宅、夕食、入浴、二三時過ぎに就寝となっている。実母と同居しているため、夕食は週のうち四回は実母が残り三回を優子さんがつくる。また、日曜、水曜と土曜の午後は休みだったが、子どもに手がかかるときに夫の協力はほとんどなかった。子どもたちにあまり手がかからなくなったいま、ようやく趣味の水泳を楽しむ時間ができた。「ワンオペは、母がいてくれたので何とかできていた。母の体調が悪かった時、見てくれる人は誰もいませんでした。やっぱりワンオペはよくないイメージです」と語る。

ムコ養子の夫は食品製造業勤務で出勤は朝の五時。「夫は食品を扱う仕事に就きたかったから、大学の専攻とは関係ないけれど今の業務に満足しているみたい。出勤が早い分、帰宅も早く、午後二時には帰ってきます。帰宅した後どうしているかというと、一人でお酒を飲んでいるんです」

〈う〜む、帰宅したら夫がお酒飲んでいるのって、いやだよな〉

では彼の家事はどの程度なのだろうか。

「風呂を洗うことと子どもの塾の送り迎えくらいですね。食器洗いを頼んでも洗い方が雑なんです。風呂を洗うならほかの水回りもきれいにしてほしいけれど、トイレ掃除とか汚い仕事はしない。洗濯ものをたたむにしても、誰のものか区別しながらたためば効率がいいのに、ただたたむだけなんです。結局私が仕分けすることになる。夫の家事時間は一日のうち一時間くらい。これをして、と言えば手伝ってはくれますが、少しでもすると偉そうに『やってやったぞ』という顔をするんです」

ワンオペとはいえ、優子さんの場合は好条件の仕事と家族関係だ。薬剤師としてキャリアアップしてきた自信もある。それなのに、夫の話になると思いかげず細かな日常の愚痴が次々に出てきた。

「私は年収五〇〇万円を超えていますけど、夫は私より二〇〇万円低いんです」

年収に大きな差があるのに、夫の家事は彼女よりずっと少ない。ここに彼女の不満があるようだ。

「夫、いなくていいです」

今の社会についてどのような思いをもっているのか聞くと、次のような答えが返ってきた。

「男女平等を言いすぎだと思います。そもそも男女平等にしなくては、と言っている時点で、差別があることを認めているわけでしょう。私はすべてのことを男女で半々にする必要はないと思っています。家事も、男女で半分ずつするのは難しいです。例えば食事作りと洗濯物をたたむのとでは、もっている技術やしていることの質が違うから、単に時間だけで半分ずつにすれば平等、というわけにはいきませんよね。もちろん男女不平等なのはいいとは思いません。不平等になっている原因としては、政治が大きく関係するんじゃないでしょうか。でも私は、政治はどうでもいい、関心がないです。日本の政治はどうやっても変わらないと思うから」

男女平等に関心はないと言いながら社会批判をする。そのあと彼女は意外なことをぼそりと言った。

「私、夫がいなくてもいいと思っています」

私は驚いて彼女を見た。それまで柔和だったまなざしが、真剣そのものに変わっていた。本気で言っているのだ。

「いなくてもいいってどういうことなの？」

「そのままの意味です。夫がいなくても私だけで子どもを育てて生きていける、ただそれだけのことです」

優子さんは〝ウフフ〟と笑って続けた。

「私は夫がいなくても生きていけるけど、夫は私がいなくなったら大変だろうとは思います」

冷静沈着、いや冷徹といったほうがよいかもしれなかった。彼女は続けてこう言った。

「今の薬局に転職した時、これを機会に旅行に行こうと思っていました。二日間の旅行です。

夫に言うと、その二日間は子どもの面倒をみない、と言うのです。たった二日間ですよ。それなのに子どもをみない。それって意地悪か私への嫉妬じゃないですか」

これは優子さんの夫への失望の声だ。彼女を支えているのは夫より稼げる自分への自負なのだ。自負を持ち続ける気持ちの奥で、結婚の本質というものを見抜いてしまったのだ。彼女は結婚がワンオペのはじまりだなどとは思っていなかった。だが、働き続けるうちに、夫よりも稼ぐようになった。経済的には夫がいなくてもくらしていける。「いなくていい」というより「いないほうが快適に過ごせる」と感じはじめたのではないだろうか。

ワンオペ女性の経済力は、離婚も辞さない根性をつくる。

「夫が家事をすると『してやっている』という顔をする」という女性は多い。多くの女性はとりあえず「ありがとう」と家事をしてくれたお礼を言って、夫を立てその場を収める。しかし優子さんは、それをおかしいと感じた。この国では、ワンオペをして稼ぐ女性とマッチングできる男性を育てるような社会システムが整うに至っていないのだ。

体制の枠内で安定する

優子さんは日々登場する新薬についてことこまかに勉強している。しなければ業務に支障が出る。学歴を積み、自分の能力を生かせる職場を探し、キャリアアップし、家事、育児をこなしてきた。その努力が収入を増やし、生活を支えている。彼女の自負は真っ当だ。私は以前、校長から「二足のワラジ」、姑からは「女は家にいるもの」と言われた。現在ではこのような揶揄はなくなりつつあるものの、依然として家事、育児は女性の領域とされていることに変わりはない。

一方で八〇歳を超えた女性が、働くお嫁さんはじめ孫や夫六人分の夕食づくりをほぼ毎日している、という方を知っている。彼女はそうすることに喜びをもっているし、ルーティンにもなっている。優子さんと違うのは、八〇歳を超えたその女性は家族という体制や慣習が定める枠内で安定的にくらしており、社会からも家族からも受け入れられている点だ。この旧来型女性のライフコースは減少してはいるが、家族、家庭は女の城であり続けている。ことに年配の女性は謙虚すぎるほどで謙虚である。自分の力を過小評価しているようにも思われる。自分自身を常に社会の下に置き、男性より低い位置を当然のことと無意識に受け入れている。こういった年配女性特有の謙虚さは、夫や舅が彼女を低く見ていることに疑問をもっていないからなのかもしれない。

右記の例は、男女の認識のずれを示している。社会はこういった男女による認識のずれを、ずれと認めていない。だからこそ、賃金格差を是正できず、「無意識の差別」は相変わらず続いているのではないだろうか。

そうであったとしても、この社会の現実を動かし、家庭内で日々の暮らしを成り立たせている原動力は、優子さんであり、名もない年配の女性たちである。日々のくらしというものは当たり前に成り立っているのではなく、そこには「成り立たせている」女性の意志と行動があるのだ。

もし「私は不当な扱いを受けたことも、社会から蔑視されたこともまったくありません」という女性がいるとしたら、それは「ない」のではなく、その扱いを不当だと「感じない」、あるいは感じる感性が「ない」のだ。いかに理不尽でも、それが世の中というものとあきらめ、受け入れる。そういう女性をつくり出してきたことで「無意識の差別」は成り立っている。社会体制が女性を低位置に置くのが当たり前になっていることを前提に、女性蔑視は実に巧妙に社会構造化されてきたのである。

一方で、優子さんのように、控えめではあるが自分の学歴と能力を生かし、その成果を誇りに思い、大胆に生きようとする女性が出はじめた。「二足のワラジ」は死語になり、代わって「ワンオペ」が登場した。女性が体制の中で安定的にくらしていける時代が終わりになり、ワンオペ女性たちが理不尽と思われる事態に抵抗する力をつけられたら、と優子さんの話を聞きながら思った。

リッチなカップル

奈津美さん（四三歳）は、四五歳の夫と九歳、五歳、二歳の男児の五人家族である。出産年齢はそれぞれ三三歳、三七歳、四一歳で、現在子育て真っ最中だ。彼女の年収は五〇〇万円、夫は不動産収入も含め二五〇〇万円で、かなりリッチなカップルだ。年収二五〇〇万円も稼ぐの？　というべきか、たかが二五〇〇万円とみるべきか、私は奈津美さんの年収披露の心を測りかねた。

聞き取りは日曜日だった。彼女は二歳の子をベビーカーに乗せ、上の二人は歩かせて待ち合わせ場所の公民館にやってきた〈父親は仕事なのだろうか？　休みなら三人まとめてみてもいいのに〉。もちろん幼い三人はじっとしていない。一番年下の子は紙と鉛筆を持ってきて奈津美さんの膝に座り「アンパンマン描いて」とせがむ。彼女は私と話をしながらすらすらとアニメの主人公を描く。アニメそのもので上手だ。ついでにバイキンマンなどを描きまくり、紙はキャラクターでいっぱいになった。二歳の子は満足して膝から降りた。〈そうだ、今日は日曜日、彼女の休日であり子どもと遊ぶ憩いの日なのだ。それを私は聞き取りのため奪ってしまったのだ！〉。二歳の子どもが母親の膝から降りるとき大事そうに持っていたその紙は、母親が子育てのノルマとしてやった成果などではない。お母さんの慈しみにあふれた宝物に他ならない。子育てという営みは決して労働、家事労働、お金にならない無償労働などではない。

奈津美さんは工学部卒で会社員。出社は月曜日だけ（九時～一七時）で、火曜日から金曜日まではリモートワーク（八時半～一八時）である。夫はＩＴエンジニア。現在はコンサルタントとして個人事業主になったため、完全リモートワークだ。

奈津美さんの業務内容の詳細は、マーケティングや会社のＨＰへの問い合わせに答えること。問い合わせの内容は電化製品、半導体部品などの製品に対するもののほか、特殊なものもある。工場や営業拠点は国内だけでなく海外にもある。昼は仕事に集中し、夕方すぎから母親になる。

彼女も初めからからこのような就労パターンではなかった。新卒から一〇年はある商社にシステムエンジニアとして勤務した。その会社はいわゆるブラック企業で、残業は月に五〇時間を超え、終業は二三時から二四時だった。育休を取れる環境ではなかったため、結婚を機に転職した。いまの勤務先の終業は一七時（リモートワーク時は一八時）で、育休も取りやすい。

カップルでリモートワークになり、子どもも増えたのでより広いマンションに買い替え、仕事部屋を別々に確保するようにした。奈津美さんは週のうち四日間がリモートワークだから、家事、育児の負担は軽いだろうと思いきや、男児三人、しかもみな九歳以下ともなるとそうではないようだ。朝六時から八時まで、夕方一八時半から二一時までは食事づくりや片付け、子どもの世話などで手が離せない。お連れ合いはいかがかと聞けば、平日八時に保育園に送りに行くだけだという。

「夫は子育ても家事もしません。不得意だし、したくない人なんです。掃除も嫌いです。つい私がやってしまいます。甘やかされているともいえますね」

「そりゃあ、デメリットばかりですよ」

現在の家事の切り盛りや分担について聞くと即座に「そりゃあ、不満です。ほぼすべて私がしていますから」と言い、さらに続けた。

「夫は夜、お風呂は入りたくない人です。夕食後もダラダラ飲みたいから。そのかわり朝風呂は毎日です。三人の子どもは私がいれます。お風呂ってけっこう体力がいるんです。ご飯の後の子どもの風呂は夫にいれてもらいたい。生理の時『子どもをお風呂にいれて』と何度も頼んでみたんです。でも夫は無視です。その時彼は動画を見ていたのに。さすがに頭に血が上って、イスを投げつけたんです。そうしたら夫は『君の仕事だろう。誰にも言われなくて、率先して家事をやる夫なんているのか？』と言うのです。完全に家事をなめている、と思いました」

〈生理なのに三人の子どもの入浴を妻にやらせる、これって完璧アウトでしょう〉

「ワンオペは私にとってデメリットでしかありません」彼女はきっぱりと言った。

「夫は能力がありそれなりの稼ぎがあるから尊敬しています。でも、生活や家事に関する関心がない。だから家事のことで言い合うのは体力の消耗でしかないんです。それだけならまだ許せるかもしれません。でも、こんな台詞が夫の口から出たんです。『君〈奈津美さんのこと〉は給料も低く、誰でもできるような仕事しかしていないんだから。月曜日だって出社せずリモートワークすればいいじゃないか』。これってモラハラ、人格否定じゃないですか」

奈津美さんの仕事に関する能力、力量、プライドを傷つけるこの言葉に、二人は激しく言い合った。

「夫は嫌味が多く、すべてのことに口うるさいんです。彼にも言い分があるかもしれませんが、それを超えて私の仕事ぶりにかかわることを言われ、これはモラハラだと思いました」

ワンオペはデメリットでしかない、と彼女が言う根拠は枚挙にいとまないほど出てきた。

「子どもが風邪をひいたら一〇〇%私が有休をとります。夫は絶対に休まない。だけど、自分が病気の時はすぐに休むんです。一切育児負担をせず、いわゆる『妻側の企業へのフリーライド状態』。だから今の私にとって子育てのパートナーは夫ではなく保育園です。保育士さんは戦友ですらあります。保育園ではいろいろなことを教えてもらいました。保育士さんから『頑張っていますね』とか『大丈夫ですよ』という優しい声をかけてもらえるのが励みです」

奈津美さんは、自分の中で家事、育児と仕事は相互に補完しあっているという。仕事をするパワーが、家事をしようとするパワーになる。その逆、つまり家事をすることが仕事をしようとするパワーにつながるのだと。

愚痴はさらに続いた。

「私の上司の男性の配偶者は専業主婦で、上司自身が保育園へ子どもを送った経験は一度もないんです。私なんかどれだけ朝早く起きて準備していても、子どもにグズられてしまって遅刻してしまうこともある。そんな事情など知りもしない上司に叱られて、評価を下げられると、惨めな気持ちになります。

そんなことで評価が低くなるから、社内での立ち回り方は自分次第になります。自分の社内的な存在価値は下げないよう、より評価の高い男性社員と同じアウトプットを維持しながら、自宅勤務中の片手間に家事をこなしています。心の中では世の男たちを、仕事だけしていれば評価されるいいご身分だとけなしています。自分はぜんぶ頑張っているんだと、自己満足を感じるようにしています（笑）。

家事、育児、仕事すべて中途半端になるのかもしれないけれど、たくさんの課題を少しずつ解決していくことで生活を回し、そうすることで自分の経験値が上がっている気がしています。夫は目の前の課題（例えば洗濯物の山）が我慢ならないようで、ぶつくさ言っていますが、無視しています」

「夫に欠けているのはホスピタリティ」

「私たち同年代の女性が集まるとみんなダンナの悪口を言います。多くはモラハラ、人格を否定するような言動ですね。家庭内で卑怯な言葉、妻の能力を見下す態度を取る夫が多い気がします。〝オレの稼ぎより低いくせに〟というセリフは傷つきます。ネットでもワンオペの愚痴は山ほど出てきます。夫をどう見返してやったかというエピソードもあっておもしろいですよ。それで、モラハラに関しても解決策がないものかと検索してみたんです。妻側が解決策を考え、実行できなければ、対等にはなり得ないことがわかりました。

日本人男性に欠けているものはホスピタリティ、深い思いやり、心からの思いやり、気づかいです。家庭では夫がそれを妻に求める。妻には母親の役割もあるんです。時々、自分を保つことが難しくなることがあります」

　私は少し話を変えて聞いてみた。

「さっき、二歳の子が〝アンパンマン描いて〟って言ってあなたの膝に乗ってきたでしょ。その時あなたがどう反応するか興味があった。あなたはその子を膝に乗せてしゃべりながら絵を描いていた。しかもなかなかの出来栄えだった」

「そんなことないですけどね。絵を描きながら遊ぶのは、私の母がそうしてくれたからです」

　そこが肝心なのだと思った。彼女が絵をかきながら聞き取りに応じてくれたこと。子どもと遊ぶのも私の質問に答えるのも同時にこなす。何かを切り捨てない、それがホスピタリティであり、ワンオペで培われたスキルなのではないだろうか。それもなんら意識することなく。これが男性だったらどうだろう？　ともすると〝オレが三〇分間絵を描いてあやした。あるいは五万円にはなるかな〟などとお金に換算したり、そうしている自分に満足したりするかもしれない。しかし考えてみてほしい。子育てという営みをお金に換算するとしたら、それはすでに子育てではない。

　私がワンオペでいたころ、一番疲れたときとか仕事でへこんだときにかぎって凝った料理を作りたくなり、わざわざコロッケやスコッチエッグを作った。どうして忙しいときにかぎってそんなことをしたのだろうか？　子どもはひき肉料理が好きだから喜ぶものを作ろうと思う。私もひき肉をこねて揚げて、その作業で安らぐからだ。あるいはこれが奈津美さんのいうホスピタリティなのではないだろうか。

奈津美さんは、私の話にうなずきながら言った。

「そのホスピタリティを男性が、うちのダンナがもてるようにするにはどうしたらいいんでしょうね」

「君ならできる」

優子さんと奈津美さんの話を聞いて、彼女らの夫に対する怒りが沸いた。

「家事もやる、仕事もやる、おまけに子どもまで生んで育ててくれる。こんな優秀な女性を妻にもちながら、昼間からお酒を飲むな！　妻からイスを投げつけられるような態度をとるな！」という素直な怒りだ。

なぜ、夫は妻に感謝するどころか怒らせるようなことをするのだろうか？　このまま態度を改めなかったら、彼らは最終的に捨てられるのではないかとすら思うのだ。私の知る範囲ではあるが、離婚を言い渡すのはたいてい妻であり、言い渡されてあがくのは夫のほうだ。

これを書いている今も、同年齢の友人が離婚調停まで行き「もしかしたら裁判になるかも」と言っている。七〇歳をすぎた彼女は「どっちにしても私が勝つのはわかっているけれど」と余裕がある。根性があり、腹が据わっている。

思いっきり仕事をして自分を試したい、そういう女性は増えている。優子さんにしても奈津美さんにしても未来のある歳だ。二人とも経済力がありガッツもエネルギーもある。仕事にしてもガラスの天井を破る勢いがある。子どもを身ごもりながら仕事を続け、生んで、仕事に復帰して、ワンオペをこなす。そんなことができる夫がどれほどいるだろうか。引導を渡すとしたら、彼女たちのほうからになるに違いない。

しかしそうはいっても、できることなら離婚は避けたい。何とかならないものか？

ここで問題になるのは夫の態度と精神だ。ここはどうしたら変わるのだろうか？　彼らには妻に対する「愛」はあるかもしれない。しかし、決定的に思いやりに欠ける。というより、彼らは妻を思いやるよりも、彼ら自身が思いやってほしいのだ。

「仕事で苦しんでいるボクをいたわってもらいたい。飲むもの、食べるものの心配をし、窮地に陥ったとき、ボクを心配してほしい。ボクには本当は能力があるんだよ。だけど、それを社会に認めさせるには心の安らぎと慰めがなければやり通せないんだよ。ここのところをわかってほしい……」

つまり、夫たちが欲しいものは痛いところをさすってくれる看護師という名の妻なのだ。彼らは看護師がいなければ生きていけないのだ。ましてや自分が子どもと妻をいたわる看護師になろうなど考えも及ばないのだろう。だが、夫たちよ、その考えをすっかり捨てないと、あなたは最上の妻から見捨てられることになる。捨てられたとしたら、いま以上のパートナーはまずみつからない。

捨てられずにすむ方法を一つだけ記しておきたい。

夫は妻の見た目を褒めること、まずはこれを実行したらどうだろう。褒め方がわからないのなら、あなたは妻を褒めたことがないのだろう。たった一言でよいから、これまで口にしたことのない、シンプルな妻への賛辞の言葉を贈ってみるのだ。

妻を見て、外見を褒める。褒めちぎってもいい。女性が出勤する時は、どんな人でも身支度を整える。整え終わって靴を履いて出ようとする、その時に一言いうのが効くのだ。

例えば「君、今日の髪型かわいいよ」「うん、その服よく似合う、すてきだよ」「やっぱり、君は服のセンスがいいね」。とくに学力優秀だった女性は意外と褒められた経験が少ない。だから、彼女の能力、仕事上のスキル、もっと上に立ってできる能力があることを褒める。褒められてうれしくない人はいない。褒められた経験の少ない人ほど褒められると舞い上がるだろう。「Yes you can（あなたならできる）」がキーワードだ。

私なりの提案ではあるが、妻を褒めることで、小心なのに尊大、妻に捨てられたら行き場を失うであろう夫は、自分のこれまでの態度、言葉、心のありようを変え、二人の会話が復活するかもしれない。

第3章　お金と癒し

「お金を稼ぎたい」

私は大学四年の夏ごろから、卒論のため研究室の教授のもとで山間部の栄養調査と分析、それに適合する栄養教育の研究をはじめた。毎日研究室に通い、様々な文献をくまなく調べていた時、指導教授の書棚に見慣れない紙の束が目に入った。翌年度の求人募集要項だった。「紙の束」と書いたが実際には数枚しかなく、栄養士、公務員、企業が一つだけだった。企業のものは聞いたことのある医療系出版社の募集で、職種は「キーパンチャー」と印字されていた。女性に対する企業の門戸が閉ざされていることはうすうす承知していたものの、数枚しかない募集要項に改めて現実を突きつけられた。

いまでは高校時に、自分が就きたい職種、業種、賃金などを調べて大学、学部を選ぶ。ところが私が大学に行きたかった理由はたいそう不純で、ただただ「お金を稼ぎたい」。それも「男並みに稼ぎたいから」にほかならなかった。私にとって大学を卒業するということは、一人でも生きていけるお金を手に入れるための唯一の手段だった。高校時代「あなたの希望職種は何?」とか「能力、特性とかを生かした学部はどんなところ?」という質問や進路指導は、親にも高校教員にもされたことがない。大学進学を希望する私に、親の要求はただ一つ。「自宅から通える国公立」。これに当てはまらなければ大学は断念するしかなかった。

私が通っていた高校は市内でも上位クラスといってよく、高校一、二年時は大学を目指す生徒は多かった。ところが三年になると私よりよほど優秀な生徒でも、受験戦争の激化と家庭の台所事情などからだと思うが、脱落していった。当時、ちょっとした公立大学の倍率は一五~一六倍、薬科大学は三五~三六倍だった。

中卒で就職する人も決して珍しくなかった時代だ。幼なじみで一番仲のよかった絵里ちゃんは、市内の目抜き通りにある大手薬局の店員になったし、瑞穂ちゃんは大手デパートのレストランのウエイトレスになった。彼女たちはごく普通の成績であり普通の家庭の子どもだった。

豊かさと苦難

一九七〇年代初め、エントリーシート、リクルートスーツ、面接、本選考、内定などという言葉は存在しなかった。一連の流れができてきたのは八〇年代半ばから九〇年代にかけてだと思う。今日では、男女問わず生まれたときから大学進学が当たり前、と考える人は多い。この数十年で進学、就職事情はすっかり変わった。国が豊かになり、少なくとも教育までは男女平等がほぼ進んだためだ。

一九七〇年代の初めまでは、四年制大卒の女性に大企業からの求人、採用はほぼなかった（中小企業に就職した友人はいたが）。目指す企業からの募集がないから応募もできない。大学も終わり近くにこの事実を認識した私は、数少ない選択肢から教員を選んだ。企業が女性に門戸を開いたのは、一九八五年「男女雇用機会均等法（以下、均等法と記述）」の成立以降である。

一九八五年、私はすでに教員だった。教員は一応「男女平等賃金」「平等待遇」である。均等法ができるというニュースを知った時「男女雇用機会均等法」という名称の響きの心地よさに感動した。コンサバティブな日本でもようやく女性が自由に職業を選べるようになるのだと心躍った。しかし、教育現場では「均等法ができたことの意義」を教えることなどなく、噂話にもならず、世間に背を向けるように「教育」活動が続けられていた。

もともとこの法律は政府主導の発案ではなく、一般庶民の総意でできたものでもなかった。正確には諸外国から「日本も早く開国しろよ」という圧力を受けてのことだった。先進国の体面を保つために「わが国にも男女平等の法律がある」ことを示すために作らざるを得なかったのである。私はこの法が成立する行方を見守りたいと、週末になると都心に出向き、フェミニストや労働組合が主催する集会や学習会に参加した。

集会で議論が最も白熱した部分は、均等法を企業が守らない場合「罰則規定」にするか、「努力規定」にとどめるかという点だった。法律が「努力規定」になった場合、企業は「男女均等にすべく最大の努力をしましたが、及びませんでした」と言い逃れすることができる。一方「罰則規定」にすれば法律に抵触したことによる何らかのペナルティーを負う。このため企業は男女差別に敏感にならざるを得ないうえ、現状の是正を迫られる。ちなみに、公務員である教職員は人事院から法律に適合するよう勧告が出され、労働環境は守られていた。

結果、成立した法律は「努力規定」であった。企業の言い逃れを許すザル法となったのは、明らかに政府が企業に忖度、加担したためだ。

女性の職業選択の自由が広がったと考えるのは、糠喜びだった。確かに「均等」は保障されはした。だが、それは女性を相変わらず「二流市民」として扱う建前だけの、見せかけの「均等」にすぎなかった。

翌一九八六年「労働者派遣法（以下、派遣法と記述）」が成立した。女性は建前上「男性並み」に働けるようになったが、この法律は様々な問題を抱えていた。例えば、派遣社員は派遣会社と受け入れ会社のどちらに雇われているか不明瞭な点があったこと。人間を、報酬を得る労働力とみなす傾向が強まったこと。労働形態では非正規雇用が増えたことなどである。一見、女性にとって働き方が広がるように見えた。例えば時給三〇〇〇円以上、というような高級パートタイマーの職種は確かにあった。だがこの法律の施行は、現実には女性にとって（男性にとっても）苦難のはじまりでもあった。

女性は（男性も）労働市場で自由にはなった。だが、大学を出ても生涯の生活が安定的に保障される雇用は少なくなり、企業の都合によっていろいろな口実を付けて解雇することができるようになった。派遣社員が会社の危機を乗り越える調整弁の役割を担う、という側面もあった。職場内で正規雇用と非正規雇用という雇用形態の違う人が混在すると、人間関係にも支障をきたす。平等な人間関係が減り、仕事を通して色々な人と触れ合い、成長していく機会が減ったのである。

私が教員時代のことだ。九〇年代まで、学校では年に一度校内すべての教職員が参加する忘年会があった。大広間で宴会を催し、一同が顔を合わせおしゃべりや議論をした。時には激論の末、ちゃぶ台返しや乱闘騒ぎまで起きた。一つのコミュニケーションではあったし、新任教員だった私にはたいそう興味深い光景だった。しかしいま、学校をあげてのこのような忘年会はなくなったと聞く。

次に紹介するかおりさんは就職氷河期世代だ。大学を卒業して就職。その後結婚、退職。再就職で非正規雇用になり、転職を繰り返すようになった。

一九七七年生まれの彼女は、「クリスマスケーキ（二五歳までに結婚する）」も「正月のもち（三〇歳までに結婚する）」も知らないという。それはともかく、彼女は、均等法についても派遣法についても知識をもっていなかった。

かおりさんの世代では、就職選択が表面上ではあるが自由になった。それと同時に、自分の生活を守るために必要な賃金をどのように得るか、そのためにはどのような仕事に就くべきか、結婚はどうするか、いつ子どもを生むか、いつ育休を取るかという問題が発生する。しかし、これについての指導、訓練は大学では義務付けられていないようだ。

学生はエントリーシートを書き、リクルートスーツに身をつつみ就活する。だが話を聞いていくと、内実はどうも均等法以前の状態と大きく変わっていないように思われた。肝心な法律についてきちんと学ぶ機会がなく、ライフコースについての基礎知識を考える時間がない。その後就職市場に入っていった彼女らは右往左往しているようにも見えた。

ワンオペの日々

かおりさんは同年齢の夫（四六歳）長男（一〇歳）長女（五歳）の四人家族。「私はワンオペです」とはっきり言う。理由は「平日の家事、育児はすべてしているから」。彼女の一日は五時半の起床から始まる。夫と自分の弁当を作り、朝食。保育園へは夫が送る。八時一五分に出勤。九時に勤務開始。一七時終業だが、ほぼ毎日二〇分くらいの残業がある。一七時三五分のバスに乗り、帰宅途中で保育園に娘を迎えに行く。長男は一八時まで学童ですごす。帰宅後夕食の支度をし、母子三人で食事。片付けをした後でやはり母子で入浴。子どもが就寝した後の二二時くらいに夫が帰宅し、遅い夕食を食べる。夫は大手印刷会社の営業職である。

土曜、日曜、休日は夫がいるので家事はしてくれるが、彼女が七割、夫は三割くらい。夫がする平日の家事、育児は、保育園に送っていく一〇分だけである。

「夫は家事をしてくれるほうですが、平日はほぼありません。せめて子どもをお風呂にいれるぐらいはしてほしい。食事も私がすべてつくるので負担感は大きいです。平日の家事はほとんど私になるので、やっぱりワンオペです。ワンオペにはデメリットしか感じません」ときっぱり言う。一番不満なのが子育てについて。子どもの成長のこと、保育園、学校でどんな様子かを夫婦で共有できないことだ。学校行事への参加、連絡帳のチェック、宿題を見るなど、子育ての共有はもっとできるはずだという。

彼女はこれらをこなしながら他のことにも気を使わなければならない。例えば、ゲームをしたがる長男に時間制限を設けるなどして、宿題を早く終わらせる方法を考え、それを子どもに納得させること。このような気苦労はやはり負担感につながる。

年収アップはワンオペ阻止につながるか?

かおりさんは大学卒業後、生命保険会社の営業職に就いた。契約社員で給料は歩合制。しぶしぶの就職だった。新規採用なのに、職務に関する研修は何もなかった。毎日飛び込み営業をさせられ、加入の勧誘をした。それまでアルバイトすらしたことがなかった彼女は、その業務についていけなかった。一年で辞めた。

退職後は半年間ブラブラすごした。やがて友だちに誘われ、鉄道会社からの出向という形で、旅行代理店に勤めた。給料は旅行会社から出た。ここに一一年間勤務。その後結婚。妊娠、出産を経て退職。子どもが一歳になるころ、社会に取り残されたという孤独感が強くなり、仕事を再開。行政書士事務所で一日五時間、月曜から金曜までパートタイマーとして働きはじめた。ところが七〇歳を超えた経営者のパワハラが酷く、八年間勤めたのち辞めた。その後、社会保険労務士事務所に勤めたが、経営者から「仕事でミスが多い。あなたにできる仕事がない」と言われ、勤務日数を減らされた。どのようなミスなのかは全く説明がなかった。ここも一年二か月で辞めた。その後、産廃業の会社で営業事務の仕事に就き、今に至る。月曜から金曜まで一日七時間、週三五時間労働。年収は一三〇万円をはるかに上回るようになり、夫の扶養から外れた。

九〇年代以降、彼女のように結婚しても働く女性は増え続けている。

厚労省の調査によると、子どもができてもずっと働きたいと答える女性は七割近くに上る。「M字型雇用（結婚まで働き、出産後一時仕事をやめ、子どもに手がかからなくなったら再就職する）」を望む女性は二割にとどまる。既婚女性の非正規雇用率は三五～四四歳で四八・四％、四五～五四歳だと五四・九％と五割を超える。非正規雇用を選ぶ理由の第一は「家事、育児があるため正社員として働けない」、第二が「自由に使えるお金が欲しい」、第三が「配偶者控除が受けられる」となっている（厚生労働省年金局『第3号被保険者制度について』二〇二三）。

女性に非正規雇用が多い理由の第一が「家事、育児があるから」である。意外に思ったのは「配偶者控除の範囲内で働きたい」人が減少していることだ。つまり、M字型雇用が弱まり、M字の底が上がっているのだ。もし第3号被保険者制度（配偶者控除）が撤廃されたなら、女性の正規雇用はもっと増加し、年収のアップにつながるだろう。夫と妻の賃金格差が少なくなれば、その分夫の家事、育児参加は増えることにつながるのではないだろうか。妻が経済的自立を可能にすれば、夫婦は経済的に平等になり、夫の家事参加も高まるのでは、と私は考えていた。

ワンオペは夫婦の賃金格差と根強い家父長制がベースにある。つまり妻は夫の扶養内で生活するのが当たり前という慣習が原因だと私は考えていた。だが、そんなに単純な話ではないようだ。近年、かおりさんのように妻が夫の扶養から外れ、年収が増える傾向は強まっている。実際、第二章でみたように優子さん、奈津美さんは五〇〇万円を超す年収を得ている。にもかかわらず彼女らはワンオペであり続け、生活上の悩みや不満が尽きない。

年収アップはワンオペから脱する要因にはならないのだろうか？　もし、そうだとしたら女性のワンオペを助長しているものとはいったい何なのだろうか？

「なぜ妻だけが負担？」

かおりさんはごく素朴な疑問を口にした。

「生活のために私も稼いでいる。それなのになぜ女だけが家事を負担するの、と思います」

言外には「私の年収が夫ほど多くないからなの？」というニュアンスを感じる。彼女はひとつずつ思い起こすように、夫への不満をこぼした。

ただでさえ家事負担が多いので、夫に「あれをして」「これして」ということになる。すると些細なことでケンカになってしまう。頼むといっても、トイレットペーパーがなくなったら芯を捨てて新しいものに取り替えてほしい、シャンプーが切れたら補充しておいてほしいなど、些細なことだ。夫が日用品の補充に無関心なこと、あとで使う人への配慮がないことが不満なのだ。子どもが〇歳の時、四〇度を超す熱を出した。その時夫はどうしたか。彼は面倒をみずに外に飲みに行った。妻の心細さに寄り添えない夫に不信感を抱きたくなるのも無理はない。

かおりさんは「日本は子育てに冷たい」と言う。「国は少子化対策を声高に叫ぶ。でも、どうもそれは的を外した対策のように思える」と。

彼女の周りでも扶養内で働く女性は多い。彼女が働きはじめたのは社会とのつながりが欲しかったからだ。もともと夫の家事、育児参加は期待していなかった。当初は、家事をしながら子どもと一緒の時間をもてるよう短時間勤務を選び、必然的に扶養内になった。扶養内なら手元に残るお金が多いとも思っていた。しかし実際には、扶養内の非正規雇用だと手元に残るお金は限られる。仕事にやりがいを感じはじめたこともあって、もっと力いっぱい働きたいと思うようになった。

妻が力いっぱい働くには、男性の育休取得が必要だ。これについて彼女はこう言う。

「企業内での育休取得が進んでいますが、一〇〇人以下の企業では依然として『努力義務』にとどまっています。政府も企業も男性が長期で休むと仕事に影響を与えると考えるからでしょう。従業員の人数の少ないところでは代替がいないと決めてかかっているように思えます。進んでいるといわれる企業でも、必ず取得させるのではなく、あまり乗り気ではない。むしろ後ろ向きな感じがします。子育ては女性のもの、という意識が抜けないお爺さんたちが作った法律だと思います。男性の育休期間を産後の女性のサポートをする期間と考えれば、二週間だけでもいいし、一年という長期でなくてもいいのかなとも思います。現状だと、二週間なんて育休は、男性にとってただの休暇になってしまうのではないでしょうか」

家事、育児とどう付き合うか

かおりさんの夫は家事、育児を単品の「作業」として捉えているのではないだろうか。保育園に送っていく、茶碗を洗う、掃除機をかける、風呂掃除をする、洗濯物をたたむなどを、一つずつの作業と捉えている。しかし家事にも育児にも流れというものがある。茶碗を洗うためにはどの洗剤を使うのか、どのスポンジで洗うのか、洗剤は足りているのか、洗ったあと拭いた食器をどこに収納するのかなどなど、「洗う」という行為一つとっても、その周辺にはいくつもの関連作業があるのだ。

料理はもっと複雑だ。メニューを決めるためにはまず、自分の料理のスキルが前提としてある。家にある食材をチェックし、足りないものがあれば買わなければならない。料理と買い物は連動しているから、食材は毎日チェックしなければならない。買い物にしても、食材の値段把握、季節や気温、旬のもの、家族の好みを勘案する必要がある。さらに、これらを協力してこなすには家族、特に夫婦のコミュニケーションが必要だ。

ワンオペ女性の多くは、帰宅し着替えもそこそこにキッチンに立ち、料理の手順に沿って作業を進める。そのためには三〇〜四〇分くらいで出来上がる料理であることも大事だ。レシピと調味料、調理器具などの関連も頭に入っていなくてはならない。

かおりさんと夫では、家事の捉え方、関わり方に違いがあるといえる。家事、育児は賃金労働のように時間によって細分化されるものではない。細分化してしまうと、人間のトータルな営みの流れが途切れてしまう。かおりさんは、その流れが途切れないように配慮している。一方で、不慣れな夫は家事という、生活の中における人間関係の流れの意味をきちんと捉えきれていないのだろう。だからかおりさんから「あれして」「これして」と要求されることを不満に思うのだ。

さらに、家事と家事の間にはまた別の家事が存在するという認識が夫には欠如している。そのことにかおりさんは苛立ち、一方の夫はいちいち命令されているように感じてムカつくのではないか。この認識の違いは、多くのワンオペ女性に共通することだ。これをどのように解決すればよいのか、有効な対策方法が見つからない。

ワンオペの解決法をネットで検索したという知人がいる。

「ワンオペを防ぐ方法があるかどうかくまなく探しました。だけどネットにはありませんでした」

ワンオペによる諍いをなくす方法は本当にないのだろうか？

家事は「労働」か？

改めて家事とは何か、「労働」と呼べるのかを考えたい。ここでは家事と育児をいったん切り離して家事についてだけ考える。さらに「労働」とは商品と等価にかわり得るものと捉える。

私が家庭科教員だったころ、文部省（当時）が発行する『高等学校学習指導要領　家庭編』を読んだ。そこには「家事労働と職業労働の関連」という項目があり、家事労働は職業労働と相対するものと捉えられていた（文部省『高等学校学習指導要領　家庭編』平成元年）。本書は一九九四年度から男女共修を実施にするためにつくられたものである。

この指導要領は、職業労働を賃金という価値をもたらすのに対し、家事労働は賃金労働を生み出すために必要な価値（夫や子ども）を生み出すものという考え方に基づいている。前者は生産労働、後者は再生産労働と呼ばれる。この呼称は合理的ですっきりした捉え方に思われた。家事労働を無償労働と位置付けることもある。

落合恵美子は『21世紀家族へ』（一九九四　有斐閣選書）のなかで「家事とは支払われない労働である」と位置づけ、職業労働を「支払われる労働」と述べている。また、職業労働を「市場化された労働」とし、「家事労働」を「市場化されない労働」としている。さらに「市場が成立してそれと一緒に家事が誕生した。だから家事という仕事は新しい」と述べている。

「家事という仕事は新しい」とはどのようなことだろうか？

近代以前までは社会に「家事」という概念が確立されていなかった。この時代まではほとんどの人が第一次産業に携わっていた。例えば農作業も家族総出で行い、その合間に子育てもしたし、食事の支度もした。食事に関していえば「保存食を作ることが食品加工の大きな部分を占めていたため、日常食は保存食（漬物や乾物など）を中心に献立が成立していた」と落合は述べている。

近代以降、職住分離が当たり前になると、夫は工場労働者や会社員として家の外で働き、妻は家事を担うようになった。落合は「わたしたちが当たり前だと思っている料理というものは、近代的な社会基盤がなければ決してできるものではない」と述べている。

落合の捉え方は新鮮でありよくわかる。だが、「家事を労働」と捉えるのはどこか違うのではないか、という違和感を私は引きずってきた。

忙しい時や疲れているとき、それでもすぐに夕食の支度をしなければならない。すると料理作りがイヤな「仕事」をする時と同じような気分になる。ところが、料理が出来上がって家族一緒にゆっくり食べていると、さっきまでのイヤな気持ちはすっかり忘れてしまう。ただ茹でただけの野菜や、焼いただけの魚料理がとてもおいしく感じられる。

先に触れたように、疲れたときにかぎって手の込んだ料理を作ってしまう、という経験をおもちではないだろうか？　その理由がここにある。手の込んだ料理は食材も多くなるし、手間暇がかかる。だが自分の十八番料理だと意外に手際よく作れるものだ。その行為によって自分で自分を癒しているのだ。そう考えると、家事を労働と捉えるのにはやはり違和感がある。料理とはむしろ疲れた心身を癒す行為だといえる。もし、家事すべてを労働と捉えてしまったら、人間のくらしはたいへん味気ないものになってしまうだろう。賃金に置き換えられない、商品ではないもの、それが家事である。

これらのことから、家事とは家庭生活の中で、それだけで存在するのではなく、人間生活の基盤を作るものだといえる。家庭内のインフラとして、必要に応じて行われてきた一連の営みである。実際、家事は仕方なくするものではなく、家事によってくらしそのものに潤いがもたらされるものである。人の心に潤いをもたらし、家庭内のインフラが整っていく、その活動を基盤に「職業労働」が可能な状態が生み出される。「職業労働」だけでなく、例えばボランティア活動や趣味も同様である。ボランティアや趣味は無償、支払われない活動である。しかし、これらも「職業労働」と同様、家庭でのインフラ（衣、食、住、家庭の切り盛りなど生活基盤）が整って初めて可能な活動である。

家事は労働ではなく、人間活動の一形態であり日々の営みの根幹に位置するものだ。家事を「職業労働」に対応した別の労働と捉えてしまうから、家庭内に行き違いが起こるのではないだろうか。

育児とはなにか？

第2章で奈津美さんはインタビューに答えながら二歳の息子を抱っこし、アンパンマンの絵を描いてあげていた。この行為を「できるだけよい子どもを育てあげ、高い収入を稼ぐ大学、会社に入れる」ことを目的とした育児行為と捉えるなら「再生産労働」といえなくはない。だが、このときの彼女の行為を「再生産労働」とみなす人はいるだろうか？　保育園や、ベビーシッターは一時間単位、分単位でお金を払って子育てをしているから、労働者だといえるかもしれない。が、家庭で母親が行う育児は労働ではない。育児という営みは子どもという価値を生むとか、人間を再生産するとか、報酬に値する行為とは全く違った特質をもっている。

育児と家事の違いは、妊娠、出産という、女性とって一大イベントを経る点である。就職氷河期を経験したかおりさんは結婚、妊娠、出産の後、退職し家事、育児に専念した。その後、「社会とのつながりをもちたい」との思いから社会復帰した。再び賃金労働に就いたのは社会復帰へのモチベーションがあったからだ。

女性がワンオペに至るスタートは妊娠、出産、それに伴う子育てである。例えばＤＩＮＫＳのような形態であれば衣、食、住にかける時間とエネルギーは、アウトソーシングなどによってかなり節減できるかもしれない。だが、子育てをアウトソーシングしたいと思う女性は少ないだろう。妊娠、出産、育児は「子どもを生みたい、育てたい」という、やむにやまれぬ思いに基づいているものだ。外注してしまったら妊娠、出産の意味がなくなるといっても過言ではない。女性にとっての育児は、妊娠、出産が前提としてあり、それに連なる営みとして特有なものだからだ。

かつて私が勤務していた女子高の生徒だった美津子さんは、苦労の末看護師になった。現在はがん病棟のターミナルケアに勤務している。彼女は二度結婚し、二度離婚している。その間、子どもを一人生んだ。ある時彼女と話していたらこう言った。「私、子どもを生んでからとてもホルモンバランスがよくなり、体調もよくなり、気持ちが楽になりました」

美津子さんは一人で子育てしようと決めるまで、多くの人生経験を重ねた。彼女の言葉には、妊娠した自分自身と胎児に対するいたわり、慈しみ、不安などの重みと実感がこもっている。

もう一つ妊娠、出産に絡むことを記したい。

第1章でアレクシェーヴィッチの『戦争は女の顔をしていない』という書籍を紹介した。同書に登場する女性兵士の大半は未婚、しかも少女といってよい年齢も多い。彼女らは戦車に乗り、銃を取って狙撃兵になり、衛生兵として負傷兵の看護にあたる。壮絶な場面を何度も潜り抜けている。

登場人物の一人、衛生指導兵として一六歳で志願した女性兵士の話だ。彼女は肉体がぶつかり合う白兵戦を間近で見る。多くの兵士を救助するなかで血まみれになり、古参兵から「戦争が終わってもこの子はもう人間に戻れない」と言われた。戦争から戻って重い病気になった。病院巡りをしたのち、年老いたある教授のもとにたどり着き、薬ではなく言葉で治してもらうことになる。老教授は彼女に向けてこう言った。

「あなたは身体がひどくトラウマを受けている。本当に健康を回復したいのなら、生きていたいのなら、私の唯一の助言は、結婚してできるだけたくさんの子どもをもつことだ。それしか救いようがない。子どもを一人生むたびに身体は回復していく」

「もう人間に戻れない」と言われた一六歳の女性兵士は、その後結婚し五人の子どもを生み育てあげた。彼女は言う。

「私が驚いたのは、あんな凄まじい経験をした後であんなかわいらしい子どもたちを生むことができたこと。よいお母さんに、そしてよいおばあさんになれたことです」

美津子さんとこの女性兵士では、その体験に天と地ほどの違いがある。しかし、根は同じではないだろうか。女性にとって子どもを生み、育てるのは、一大決心がいる。決心と隣り合わせに大きな衝撃と、感動と、真の癒しがある。それは、子どもという唯一無二の存在を慈しむ行為だ。これが美津子さんを強くし、女性兵士に健康をもたらした。お金に換算できない行為である。

すべてのものを市場化し、感情さえも買うことができる新自由主義のなかでも、子どもを慈しむという女性の営みは決して市場化できない。そんなことをしてしまったら、子どもは子どもとして育たない。

彼女たちの話から気づいたこと

かおりさんの話に戻ろう。

彼女は五歳違いの息子と娘を育てている。五年間を振り返って「長男の時より男性の育児参加が増えた」と言う。五年前には、保育園の送迎、抱っこひもで赤ちゃんを抱っこ、保護者会への参加、赤ちゃんスペースでおむつを替える、といったことをする男性はほとんどいなかった。それが今、当たり前のようになってきた、と言うのだ。

彼女の夫も五年前は「格好悪い」と言っていたが、娘が生まれてから抱っこ紐を使うようになった。「夫は周りの目を気にするカッコつけたがりなので、ほとんどの男性がやっていないことをするのが恥ずかしかったのではないでしょうか。抱っこ紐は使わず、ふつうの抱っこはしていたのですが」ということだ。育児書や関連雑誌に男性が育児をする姿が載るようになり、育児のイメージが変わり、抵抗がなくなったこともあるのではないか、とも言う。周囲の目を気にしながら育児する夫に対して「女はそんなこと言っていられないのよ」という気持ちを抑えるようにかおりさんは続けた。

「夫の育児は確かに独りよがりなところや不十分な点はあります。でもいまは、育児に参加しようと思う気持ちを育てている段階なのではないでしょうか。別の話になるんですけど、保育園に五歳と三歳の子どもがいるお母さんがいます。彼女と子ども二人がコロナに罹ったんです。そしたら営業マンのお連れ合いが、自分も感染したら仕事にならないと家族をほったらかして一人でホテル暮らしをしていたというのです。この夫は、彼自身が育っていないんですよね」

その話を聞いて、私はつい最近見た光景を思い出していた。あるファミリーレストランでのことだ。女性トイレには赤ちゃんスペースというほどのものではないが、ベビーサークルがあった。そこでおむつを替えていたのは二〇歳そこそこと思える、野球帽をかぶった、少年の面影を残すような男性だった。通りかかった女性はみな振り向いて「あら、かわいいわねえ、何か月?」と声をかけていた。「二六日です」と父親であるその男性は答え、真っ赤な顔の赤ん坊を抱き上げた。私が子育てしていた七〇年代から八〇年代初めは、決してといってよいほどなかったことだ。

男性の育児への関心と対応が変わっているのは確かだ。妻が夫の育児参加へのモチベーションを育てていくことも必要だろう。だが、夫の育児への関わり方の本質は、もっとさまざまな要素が絡み合っている。

その一つは、妻と夫の生活時間の違いだ。かおりさんの家事は朝五時半からはじまり、夕刻は一七時半から二二時に帰宅する夫の夕食を済ませ、その片づけをするまで続く。夫にとって二二時に夕食が出るのは当たり前、家に帰れば賃金労働はおろか家事からも免除される。夫のほうは、かおりさんが一日七時間、週三五時間労働し、子どもの世話と家事を精いっぱいやって、どれほど疲れているかが想像できていない。

ここまで見てきて、ワンオペを解決するにはいくつかの課題があることがわかる。

一つ目は、夫は帰宅が遅いため物理的に家事、育児ができる状況にないということだ。これはやはり見過ごすべきではない。男性の長時間労働の問題は、女性がワンオペをすることによってカバーされている。

二つ目は、結婚し子どもを生んでも働きたいと考える女性は多い。しかし家事、育児の重荷に耐えかねて働けないこともある。女性が本当の意味で職業選択の自由を獲得するための方策を、個人ではなく、社会が、大学が、家族が保障する環境をどう作るかということだ。

三つ目は、母子家庭に対する法律的差別があることだ。日本の母子家庭は非婚と離婚と死別で全く扱い方が違っている。死別だと遺族年金、児童扶養手当はほぼ倍額出る。離婚の場合は、夫に養育費支払い義務がある。非婚女性は保険や税金の控除を受けることができない。つまり、家族制度、社会制度は夫がいるかいないかで差別されているという問題だ。

このように問題は山積している。解決するのは簡単ではないが、ワンオペ女性たちの話を聞いていて気づくことがあった。

彼女らには忍従、無言、卑下、そして同時に不屈、真の力が確実にあるということだ。私はずっと、これらを家父長制によってつくられた仕方のない、負の性質だと侮ってきた。しかし、この考え方は間違っていたかもしれない。幸福は安楽な生活のなかにはありえない。幸福は苦悩という代償を払って、忍従し、不屈の精神で向き合い、不幸を通してつかみ取るものではないか、ということだ。ワンオペ女性は苦悩している。だが、それは必ず報われる苦悩であると思うのだ。その最も大きなものが、子どもを生み、育てる体験だ。現代社会ではそれこそが唯一といってよい、人間にとってのリアルな体験ではないだろうか。出産によって女性は人間という肉体を世の中に送り出す。生まれ出た子どもを慈しみ愛するという肉体的感覚を通して、人間の本質をつかみ取る。それこそが癒しであり、究極のホスピタリティである。これは市場化や金銭価値とは異次元の営みだ。

ひるがえってワンオペ女性のパートナーたる父親はどうだろう？　彼らの多くが最も重視するものは金を稼ぐこと、経済生活を支えることだ。しかし、経済生活は女性も同等にやっている。では父親の課題とはなんだろう？

父親は子どもに何らかの精神的遺産と呼べるものを残すことではないだろうか。だが、エゴイスティックでいつも気むずかしそうな顔をした父親のなかに、生きた人間の顔は見えづらい。言いすぎかもしれないが、そういう父親とは、自分の鼻の先までしか見えていない現実主義者のように思われる。家族をバラバラな個の集まりにしている原因が、彼らにないとはいえないだろう。

第4章　フェミニズムは女性の味方か？

「結婚していても経済的、精神的に自立した暮らしをしたい」

晶子さん（四三歳）は学卒以降、事務職を経て書籍やWeb記事の企画、取材、編集、制作に携わってきた。主として料理本やガイドブック、その他ノウハウ本、年金減少問題と貯蓄、老後の資金計画なども扱っている。

仕事の一方で様々なライフステージに立ち、多くの経験をしてきた。

初婚は二九歳で、相手も同年齢だった。価値観の違いから半年後に離婚。三一歳で一〇歳年上の男性と再婚し、三二歳で出産した。当時は産休や育休の制度がじゅうぶんに整っていなかったため、従事していた事務職を出産前に退職した。

退職により、出産前後に自由な時間ができたことで、料理ブログの運営をはじめた。そのブログを見たウェブメディアの担当者から「自社のサイトで記事を書いてくれませんか」とのオファーがあった。これを機にフリーランスになった。

仕事を得たことにより、区の保育園に申請した。運よく自宅から二番目に近い保育園に空きが出て、三歳の子どもを入園させることができた。

二度目に結婚した夫とは結婚当初から問題が生じていたため、いずれ離婚したいと考えていた。ただ、仕事復帰直後で収入が不安定なうえ、子育ての真っ最中でもあった。そのため、仕事で出かけたい時は「夫がいないよりは、彼に子守りをしてもらったほうがいい」と考え、夫をうまく使うことにした。「夫をうまく使う」のは友人から伝授されたことだ。その友人は完ぺきにワンオペだった。彼女のやり方に触発され、晶子さんが取り入れたことの一つは次のようだ。

「私（その友人）は毎日専業主婦と同じことをしているでしょ。そのうえ仕事もしている。だから生活費は、夫の収入だけでくらすのは当然のこと。自分の稼いだお金は生活費には充てず、自分名義で全額貯めている」

つまり「自分が稼いだお金は自分のもの、夫の稼ぎは家族のもの」というわけだ。

結婚三年目、晶子さんは同居のまま籍を抜いた。

結婚当初からの問題というのは、次のようなことだ。夫は結婚前に自営業をしていたが、数百万円の事業資金を借り入れていた。その借り入れの残りがあることを晶子さんには告げていなかった。税の滞納もあった。そのことが明らかになってから、夫は会社勤務のほか、掛け持ちでアルバイトをするようになった。晶子さんは貯金から生活費を補填するなどしてやりくりした。その後夫との同居も解消した。現在は一一歳になった子どもと、都心で二人暮らしをしている。

現在、彼女の仕事は主に三つある。

一つは制作会社での書籍編集の仕事。二つ目は新聞社での記事の校閲やWeb版の編集業務。三つめはニュースアプリの記事のコンプライアンス違反等のチェックである。今のところ、子どもと二人で余裕をもってくらしていける収入を得ている。

都心でくらしていることは安心材料のひとつだという。ロケーション的に仕事がたくさんあること、子どもに関するサポートが手厚いことだ。子どもと父親は自由に連絡を取り合い、月に二回前後、遊びに行ったり父親の家に泊まりに行ったりしている。

「女は社会で生きづらい」

三人で一緒に暮らしていた頃、夫はほとんど子どもの面倒をみなかった。ところが別々にくらすようになってからは、面会交流では子どもの食事をつくったり、一緒に遊んだりと、父親の役割を果たすようになった。

同居していた期間、夫が子どもの送り迎えをしたのはたったの三回。そのうち一回は子どもにケガをさせている。料理も掃除もできる人なのに、晶子さんがいるとしない。たまに子どもの面倒を見ると「いつもしている」という顔をする。

晶子さんはここまで話すと、次のように言った。

「私の祖母と母は、自分でお店を経営していました。その人生を見ているので、ワンオペを嘆く女性は、自立していないのではないかと感じます。家事や育児を無理に男にさせようとするよりも、都合のいい部分だけ協力を得る方法もあります。女性側にしても、経済的にも精神的にも自立して、自分と子どものくらしを、自分の力で成り立たせることが重要だと考えます」

晶子さんは極めて無機的に冷静にそう言う。女性は社会に出てから生きづらいことが多い。仕事にしても家庭にしても平坦な人生ではなく、躓く石がたくさんある。女性の生きづらさを理解できる男性はなかなかいない。

社会に出る女性の生きづらさの感じ方はさまざまだ。ただ、たとえ生きづらさ、あるいは憤りを感じたとしても、そのことに抵抗しない女性のほうが多いのかもしれない。晶子さんは私たち団塊の世代より三〇歳近く若い。しかし彼女の言葉から、社会における女性の扱われ方は、いまもあまり変わっていないように思える。

「養育費の取り立ては国の業務」

現在、小学五年生の子どもとくらす晶子さんはこう主張する。

「父親といっしょにくらしていてもいなくても、子どもの権利、特に教育を受ける権利を保障してほしい」

第3章でも触れたが、日本の母子家庭は夫（父親）と死別したか、離婚したか、非婚（未婚のまま生んだ）かで扱われ方が違っている。父親なしには子どもは生まれない。父親との関係がどのようであったか、あるいはあるかによって、その後の母子の生活に影響を与えている。日本社会そのものが男優先の社会構造であるためだ。

児童扶養手当やひとり親控除に関しては、以前に比べて未婚・離婚・死別で制度が平等になるように是正されてきている。ただ、ときおり報道される若年者や障害のある人が未婚で妊娠、出産に至り、結果的に赤ちゃんが死んでしまった事例で、母親だけが逮捕され、父親は逃げたままということはいまもある。

母子家庭には子どもの養育費支払いの問題もある。離婚後、子どもの養育費を支払うのは親の義務であり、受け取るのは子どもの権利だ。しかし、養育費支払い率は二四・三％（二〇二三年）と極めて低い。理由はいくつかある。

1・母親側が離婚後、雑事があるうえ、手続きが大変。
2・取り立てるまでの作業はほぼ母親の意欲と気力にかかっている。
3・「養育費取り立て制度」があることを母親自身知らない場合が多い。
4・家庭裁判所での養育費の算定額がそもそも低く、受け取るためにそこまでの労力をかけるかどうか考えてしまう。

これらに加え、女性に一定の収入がある場合、支払金額は低くなる。知人の看護師の例だと、彼女が夜勤をしつつ得る年収が七〇〇万円。彼女の養育費請求額は六万円だったのだが、算定額はたったの二万円だった。二万円で養育費が賄えるはずもない。子ども一人養うのに食費、教育費、雑費、などを含めると月一〇万円でも足りない。

養育費は一八歳まで支払わなくてはならないのに、支払いが途絶えてしまうこともある。支払われなくなったとき、母親はその分余計に動かなければならない。これについても晶子さんは主張する。

「支払いが停止した場合、取り立ては自治体と個人の努力にかかっています。でも自治体は厳しくやってくれない。フランスなど先進国は国が取り立て業務をします。日本もそうすべきではないでしょうか」

養育費の件は見落とされがちだが、収入の少ない母子家庭にとっては重要なことだ。ここにも不可視的な家父長制が働いている。

彼女のワンオペ論

晶子さんはさらにこう言った。

「婚姻システムがおかしいのです。女が生みたいときに生み育てられるようになってほしい」

婚姻制度は女性にとって驚くほど都合悪く、生きづらく、いろいろな場面で足がすくわれ躓くようにできている。「夫婦別姓」など女性にとっては当たり前の要求なのに、民法と社会通念がそれを阻んでいる。日本における女性への圧力はアメリカなどよりはるかに強い、と指摘されている（ブロデリック・キャサリン他　藤枝澪子・松野潔子訳『英語で読むアメリカのフェミニズム』一九九一　創元社）。

このような議論になると「男性批判はやめたほうがいい、男女の分断になるから」という意見が女性側からも出る。彼女らはこう言う。「男女は思いを共有しあって、共同で家族をつくっていくものだから」と。この考え方は確かに正論だ。「共生」を重視する正論は、これまでフェミニズムでも実践されてきた。しかしここで思考を止めてしまうと、何の解決策も生まないように思われる。もともと差別や蔑視は、それが無意識であればなおさら、差別する側がみずから「差別は撤廃すべきだ」と言いだすことはない。差別されている側からしか撤廃を訴えることはできない。

一九七〇年代から「女子差別撤廃条約」のように国際的に大きな機運が生み出され、グローバルな法律や条約、機関がつくられてきた。この条約には日本も調印し、批准した。だが、晶子さんの個人的な要求は根本的には実現していない。「個人的なことは政治的なこと」なのに、である。

「ワンオペには悪いイメージしかありません」と言う晶子さんは、ワンオペ論を次のように語った。

「SNSや他人にワンオペの愚痴を言っている人は、夫に依存している人です。依存していない人なら、夫はどうせやらないことがわかっているから、愚痴を言わない。夫に依存している人は、危機管理能力が低い人だと思います。文句を言うだけで、自分と子どものくらしを守るのにじゅうぶんな経済力をつけようとしないからです。そういう人に限って、夫の愚痴を言うのです。

私は一〇年間ワンオペでした。夫は家事をやるふりをしているだけ。ある朝、『仕事があるから保育園に送っていって』と言ったのに、送っていかなかったことがありました。頼んでおいたのにしないんです。また、別の日は『迎えに行って』と頼んだのに返事がありませんでした。私が仕事を早く切り上げて迎えに行きました。そうしたら先に夫が迎えに行っていました。彼は自分が理解したいようにしか理解しない。こちらが困るように行動しているとしか思えないような人でした。子どもに対する危機管理能力もすごく低いと思いました。だから、したくない人や苦手な人に無理に任せるより、できないならプロに任せるほうがいいと思います。もちろん男性でも子育てが好きな人がいます。だけど、私の経験にしても友人から聞く話にしても、男性の子育てはほとんどの場合うわべだけ。一〇〇回のうち一回でも手伝ったら『いつもしている』ことになる。実際、男性が毎日子どもをみられるかといったら、ほとんどの場合無理です。むしろ『申し訳ないけど、自分にはできないことが多いから母親に任せます』と言ってくれたほうがうまくいくのではないでしょうか。

夫には『母親なのだからするのが当然』という考えや『自分のほうが稼ぎは多いんだからお前がやれ』という考え方があります。話し合うのが面倒だからと必要もないのに会社に残っていたり、『付き合いだから』と飲みに行ったりして逃げているパターンもあります。それに女性がひたすら耐えている場合が多い。だから私は、最初から子どものことも含め自分で全部やってきました。ただ、ワンオペでよかったことが一つあります。子どもとより信頼関係が築けたことですね」

「男は女を下に見ている」

聞き取りのなかで晶子さんは「男は女のことを根本的に下に見ている」というフレーズを三回繰り返した。

〈もし自分が男だったらこんなことは言われないだろう、このような扱いは受けないだろう〉と感じたことは、私にも思い出せないくらいある。そのうちの一つを紹介し、晶子さんのフレーズと共有したい。

教員になってしばらくたったある宴席でのこと。八〇年代だったから、宴席は口の字型にテーブルを囲み畳に座る形式だった。宴もたけなわのころ、私は隣に座っていた中年の男性教員に突然ウエストを掴まれた。全く衝撃的だった。のけぞるほど気持ちが悪かった。〈何の理由があって、どんな権利があってこの男はこんなことをするのか！〉

女性のウエストを何の理由もなく掴むなんて理解できなかった。怒りというより気味の悪さに叫びたかった。その男は悪びれた顔もせず、ただニタニタと笑っていた。いまでいうところのセクハラである。だが、当時この単語は流通していなかった。

ある出来事を一つの単語で言い表すと、それでみんなが了解し納得してしまう現象は近年とみに増えている。その単語があるがために「単なるセクハラじゃないの」と、コトを済ませてしまう危険性がある。

私は〈これが教員集団なのか？　これが男という生き物なのか！〉と、泣きたい気持ちをこらえ、屈辱に耐えて平静を保つよう努めた。無知ほど怖いものはない、といまにして思う。これがきっかけで私は根本的に「男」とは下劣な動物であると見下すようになった。しかし、下劣行為に慣れるわけにはいかない。「男」をこのように定義しておかなければ、この理不尽で、まるで「お前が悪いのだ」とばかりにニタニタしている「男」を放置しておくことになる。このような「男」を放置したままでは、ますます社会の腐敗度を高めると思った。この感情は男には説明しがたい。「男は女を下に見ている」。この実態を容認してはいけない。

「女性にも落ち度がある」

晶子さんの話は続く。

「女は女で、自分の能力で稼いで自分と子どもが困らずにくらしていける程度の生活ができればよいと考える人は多いです。生活を自分の力で成り立たせる、経済面と精神面とで力をつけることが必要です。そんな経済力と精神力を備えていない女性が多いことを知るとがっかりします。

仕事をしていても、結局男性に頼りたがる人もいる。『うちの夫は』と言って夫の年収を自慢するような人にもやはりがっかりです。私が仕事で関わる女性は自立した考え方をする人が多いのです。でも、プライベートで既婚女性と話をしていると『私はあなたの夫の話ではなく、あなたと仕事の話をしたいの』と思うことが多々あります。彼女らは自分に対する夫からの屈辱的な言葉に抵抗し反論しないのです。お金や世間体のためにむしろそれを美化し、知らないフリをしている。そうである限り、女性の社会的地位は上がっていかないと思います。

アメリカのある詩人の『奴隷の鎖自慢』という話を聞いたことがあります。黒人の公民権運動に関する内容です。奴隷は、奴隷の境遇に慣れすぎると、驚いたことに自分の足を繋いでいる鎖の自慢をはじめるのだそうです。どちらの鎖が光っていて重そうで高価かを自慢するというのです。この話に、自立する力がない女性同士が競い合っている現実を思い起こしました。

私は書籍やメディア関連の仕事にかかわっていて、X（旧ツイッター）などSNSを利用するので、いろいろな立場、職業にいる人の発言を常日頃観察しています。Xは匿名度が高く、顔や本名を出してつぶやいている人もいますが、そうでない人がほとんどです。なので、本音が出やすい場なのです。そこで感じることがあります。男性は根本的に女性を消費の対象とみている場合が多いです。ほとんどといっていいと感じます。女性の画像が動画に出ていれば当然のように性的な話題になります。相手が女性だと思うと横柄なコメントを付けます。男性だとわかったとたんに敬語で謝罪する人もいます。名前の知れた芸人の発言で『なぜ自分が女性を楽しませなきゃいけないの？　金払っているのに』というように、女性を物や性的商品としか見ていない発言がたくさんあります。これに対して、お金を稼ぐためなら簡単に脱ぐ女性がいる。性的な仕事に就いている人だけでなく、一般女性にもそういう考え方がはびこっているのが残念です。さらに、それを見て『女は裸になれば金が稼げるんだからいいよな』などと、女を見下し、バカにする男がたくさんいます。学歴の高低、経済力のあるなしにかかわらず、このような話は悪循環を招くだけです。

女性も、性的な仕事以外なら何でもいいから自分の専門的な仕事をもつことです。きちんと自分の能力でお金を稼ぐことが大前提です。女の稼ぎが低いのは、日本社会システムの欠陥です。お金のために男の言うことを聞いたりしない。稼いでいる男を稼いでいるからという理由でチヤホヤしたり尊敬したりしない。女性の生きやすさのためには、それがものすごく大事だと思います」

フェミニズムはいま、どうなっているか

晶子さんの話はフェミニズム論につながる。日本そしてそのほかの国のフェミニズムは今どうなっているのだろうか。

毎年三月八日は国際女性デーとして各国で様々なイベントが行われる。二〇一八年春、フェイスブック社の当時の最高執行責任者（COO）であるシェリル・サンドバーグは世界に向けてこう発言した。

「すべての国の企業のうち半数が女性によって運営され、すべての家庭のうち半数が男性によって切り盛りされれば、状況はずっとよくなるでしょう」（シンジア・アルッザ他　恵愛由訳『99％のためのフェミニズム宣言』二〇二〇　人文書院）

サンドバーグはその時すでに女性経営者らが役員会の「内側に入りこむ（リーン・イン）」よう促すことで名声（かつ財力）を得ていた。彼女はビジネス界の荒波を潜り抜けて勝ち取る成功こそがジェンダー平等へと続く正道なのだと力説した。

サンドバーグの主張と行動を読者諸氏はどのように受け止めるだろうか？

「企業の半数が女性によって運営されるなんてできっこない、一部の優れた才能と環境に恵まれた人の話でしょう」という意見が聞こえてくるようだ。「そんな主張は一％の人々のた

めのものであり、彼ら彼女らは大多数の人の利益には無関心なのだろう」と感じる方もいるだろう。私もこの意見に同意する。

大多数とは九九パーセントを占める女性という意味だ。同書によればそれは貧しい女性たち、労働者階級の男性と同等に働いても同等の賃金が支払われない女性たち、人種化された女性たち、移民の女性たち、そして資本主義に搾取されているにもかかわらず『中産階級』の自負を抱くよう促された女性たちのことである。

諸外国ではフェミニズム運動として様々なうねりが起こり、実践がなされている。しかし、今この国、日本ではフェミニズムは流行らない。多くの女性の関心事ではないし、あったとしても深まらず、高まらずである。ではなぜ関心がもたれず、広がらないのだろうか？

理由の一つはフェミニズムが女性学、ジェンダー論という領域に入ってしまい、女性を考察する対象とみなす「象牙の塔」にこもっていったことが挙げられる。難解な学問となったフェミニズムは多くの女性にとって不毛な存在でしかない。おそらくこれは日本だけの現象ではない。思うに、フェミニズムが「象牙の塔」にこもったのは、フェミニズムという学問を「女性学」「女性問題」と位置付けたからではないだろうか。女性蔑視は女性の問題ではあるが女性だけの問題ではない。フェミニズムはなにより社会の問題であり、政治の問題である。ここをスタート地点にしなかったことが、その後のボタンの掛け違いを生むことになったと考えられる。

もう一つの理由としては、学校教育（公教育）でフェミニズムが授業として成立していないことだ。日本の学校教育は文科省を頂点として、都道府県、市、町、区の教育委員会→各学校→教員という縦系列、上位下達である。教育方針はトップダウンで現場教員に降りてくる。国の方針が絶対的権威をもち、その方針は家父長的である（例えば公立学校の現場では年号は西暦ではなく元号表記である）。したがって、学校教育制度のなかにフェミニズムを教科内容として盛り込むことそのものが、教育方針に抵触するのである。だから、ほとんどの児童、生徒はフェミニズムという単語そのものの意味を教えられる機会に乏しい。このことがジェンダーギャップ指数が世界一一八位に留まる一つの原因と考えられる。

三つ目の理由として、日本の若い女性がとても豊かに、幸せに育てられるようになったからではないだろうか？　その幸せな生活が今後ずっと続くと思い込まされているからではないだろうか？　女子高生の半数以上が高等教育を受けるようになり、自由な生き方、髪型、服装、そして行動の自由と有り余る物質に囲まれて生きていける。必死になって闘わなくても何とかなる時代になった。国が豊かであることは決して悪いことではない。水や自然がきれいで便利で住みやすい、その恩恵を受けつつ生きていけるからだ。

目に見えるところだけを取ればその通りだが、一方で目に見えないもの、一人一人の奥深くにある内面と社会構造の隠された部分がある。女性蔑視という構造やフェミニズムの問題は見えづらいし、わかりにくい。目に見えないところにこそ問題の本質がある。例えば、婚姻制度に内在する問題、選択的夫婦別姓の導入が容認されない現実がある。目に見えない社会に注意を払い、その中の問題を明らかにするのは難しい。だから断固とした行動力が生まれないのかもしれない。貧しければ行動できる、豊かだからできないというわけではない。本質とは何かを見ようとしないから、目に見えない社会の問題を感じとれないのではないだろうか。

イデオロギーでは救われない

私は長らくフェミニズムに傾倒してきた。だから若い女性の無関心さを不審に感じてきた。彼女たちはなぜ差別されていることに怒らないのだろうか、と。だが、フェミニズムというイデオロギーと長く付き合うなかで、いつしかあることに気がついた。その気づきとは「男女は平等であるべき」というイデオロギーの世界のみが唯一正しいという思いについてだ。この思いはどこか間違っているのではないか？　と。この考え方に立つと「男女」という二項対立で物事を測ってしまう。さらに社会の問題を善／悪、良／否で決めつけてしまう癖がつきやすい。この見方は一方的であり、独善性を生みやすい、と思うようになった。女性が置かれている立場、そこでくらしていることの意味、生きている自分はどのようであるかを、具体性をもって捉えることができなくなっている自分に気がついたのである。

さらにいえば「男女平等」「ジェンダー平等」という単語として、抽象的に捉える癖がついてしまったことがある。このイデオロギーを唯一正しいと捉えると、自分の思いや考えがいつしか空洞化し、現実の女性問題は無意識のなかに沈み込んでいくように感じられた。この地点から社会構造をいくら分析しても新しい社会を構築する力は得られないのだ。それよりも、イデオロギーに縛られず女性を生きた生命あるものと捉え、現実に目を向け、そこにある問題を共有しあえる状況をつくり出すことが大事なのでは、そう考えてみてはどうだろうか、と。

どのような思想であれ、それをいかに運用していくかという実践論がなければ問題は解決しない。いかに運用するかを考えるには現状把握と批判が必要だ。批判し、対立すればそこには議論が生まれる。

フェミニズムが受け入れられるためには、どのようにしたら女性が子どもを生みやすく育てやすく、生きやすい社会がつくり出せるかという問いを立てる必要がある。この問いは男性批判ではない。女性の生きやすさ論である。議論を重ねる中で女性の真の苦悩、実態があぶり出されるだろう。社会にどのように働きかければ実情が変えられるかという方法論にも発展するだろう。

「私個人がどう考えたって、現状は変わらない」と思われる方も多いだろう。しかし、いくつかの事例を見ると、個人の勇気がいつも土壇場の悲劇を回避する事態を支えてきたことがわかる。

二〇世紀半ば、ウーマン・リブが起こり多くの女性に受け入れられてきた。女性が不当に虐げられ、男から下に見られ、理不尽な扱いを受けていることへの抵抗と抗議の声が高まった。フェミニズムに求められたのは、女性の真の苦悩という精神問題にいかにアプローチするか、そんな社会にどう働きかければ解決の道に至るのかということである。

先に紹介したサンドバーグの発言と行動は、ごく限られた「優秀な」女性にしか実践できないと思われる。これと全く逆の方向を示す闘争的フェミニストストライキが、二〇一八年の春スペインで起き、スペインを機能不全に追い込んだことが『99%のフェミニズム宣言』に記されている。主導者は五〇〇万人を超える参加者、二四時間にわたるフェミニストストライキを組織した。同年のスペイン全女性（乳児から年配者まで数えて）の四・七人に一人が参加したことになる。これは九九パーセントの女性のためのストライキだ。彼女らの呼びかけはこうである。

「性差別、抑圧、搾取、暴力から解放された社会の実現を」
「わたしたちは従順であること、服従すること、沈黙することを要求する家父長制と資本主義の協力体制に抵抗し、戦いを挑む」

フェミニストストライキの参加者たちは世界に次のように表明した。

「この三月八日、われわれは断固として、すべての生産活動、また再生産活動を停止させる。今後、同じ労働に従事する男性よりも劣る労働条件や賃金を決して認めない」

これは、ジェンダーの公平性を再考し、資本主義に終焉をもたらすなにかに迫る主張であった。

ロジャヴァの革命

もう一つ、二〇一二年夏に起きた女性革命を見ておきたい。

それは第1章で紹介した『女たちの中東　ロジャヴァの革命』[3]である。ロジャヴァとはクルド語で〝西〟の意味である。この革命はシリア西部の三つの州で展開されているもので、日

3・本書はドイツの人類学者がこの地をフィールドワークし、その結果を記述したものである。シリアという紛争の絶えない、世界で最も厳しく国境が監視され、クルド人、アルメニア人、トルコ人、アラム人…など多くの民族がくらし、さらに様々な覇権勢力が衝突する場所で民主主義的土台に基づく連合社会、自治地区ができるという革命が起きた。

本から見れば全く別世界のことと思われる。この「革命」の実態を知った時、私は大きな衝撃を受けた。日本と類似性があると思ったからだ。

本書には「女性はアラブ社会のなかではほとんど奴隷です」「中東の女性は他のどの集団より差別にさらされている」と書かれている。日本にはなんでも物があり自由に行動できる。ただしそれは男性社会の掟に従っている限りでの自由である。実態はロジャヴァと相似形にある。ロジャヴァの革命は、スペインのフェミニストストライキと通底している。

下記のフレーズがそれを明示している。

「国家から逃れることなくして資本主義から逃れられない。家父長制を除去しなければ国家から逃れられない」

「女性を解放できるなら、社会を解放できる」

ロジャヴァでは（日本の多くの夫がそうであるように）男性は仕事から家に帰ると、万事自分のために支度ができていると期待する。妻は男性の所有物であり、男性の快適さに気を配らなければならない。このような状況を当地の女性はいかにして変えていったのだろうか？

ロジャヴァの革命は理論と実践が直結している。画期的実践も多い。少し長いが引用しつつ、説明を加えたい。

・この革命理論には「女性解放のプロセスとして**女性を男性からいったん分離しなければならない**」「男性支配の家父長制支配から分離し自立しなければ、女性の自由も人間の抑圧もなくならない」というものがある。

・法廷や指導的位置はどこでも二人の人に授けられ、そのうち一人は女性でなければならない。全法廷で女性は**最低四〇％**いなければならない。

・女性が政治的に積極になろうとすると多くの場合夫は妻に「政治活動か夫か」という選択を迫る。この選択を迫られた妻の多くは夫への抵抗を決心し、**政治的活動のため家を出る**。

・女性平和委員会という組織がある。ここでは強制婚、重婚などの家父長的な暴力の案件を扱う。女性に対して家父長的な暴力を加えた男性は、六か月から三年の収監か、コミュニティへの奉仕という判決がなされる。

「男性批判はよくない」という立場からすれば、この実践については意見が分かれるかもしれない。しかし、女性を男性支配の家父長社会から分離し、自立しなければ、女性の自由はなく、人間の抑圧、収奪もなくならないと、指導者は呼びかけている。

・二〇一四年一〇月、ロジャヴァに**女性防衛隊**ができた。ロジャヴァの全女性の五〇％は武器の訓練を受けている。

このように書くと「戦争はいけない」と考える方も多いだろう。だが、当革命は「女性の軍事参加は、社会的、政治的、文化的、道徳的革命を生み出す。女性が武装し、戦闘に参加したことは、戦略的に重要である。それがなければ社会の他の分野での男女平等は達成しないだろう」という理論に支えられている。

防衛隊に参加した女性は次のように述べている。

「私は女性が男性と対等だとは全く考えたことがありませんでした。しかし、男性支配が正常なことではなく、それどころか自然の秩序に反していると理解するようになりました。これに気がついたことで、私のなかに自由だという感覚が大きく目覚めました」

ロジャヴァにおけるこれらの実践は、日本の状況からすればあまりにも急進的すぎると思われるかもしれない。限定された地域での出来事と片づけられるかもしれない。しかし、女性が置かれた悲惨な状態から抜け出す方法について、考え抜かれた結果生まれたものであるとすれば、おおいに参考にすべき事例であると思われる。

日本のワンオペ女性の一番の問題は、一方の性である女性だけに過重な負担をかけている点である。このことがカップルの関係性を損ね、時には崩している。ワンオペには日本社会の病理が凝縮されているように思われる。

スペイン、そしてロジャヴァでも男女の関係性を損ねる問題は多々あった。だからスペインでは五〇〇万人という数のストライキを打ち、ロジャヴァではいったん男性と女性とを分離させるというラディカルな方法を実践した。

では日本では何ができるだろうか？

シスターフッドはパワフルだ

フェミニズムの先駆的国家であるアメリカでも、一九六〇年代までは、女性が働くとなると、学位を取っていたとしても低賃金労働しかなかった。年齢がいけば労働条件は不利になる。離婚した女性はさらに経済的に苦しくなる。「女は家庭」という考え方がある限り、職種は限られ、労働条件は改善されない。個々人の努力ではどうにもならなかった。

そして一九六六年、フェミニストであるベティ・フリーダンは権利の真の男女平等を求めて全米女性組織ＮＯＷ（National Organization of Women）を結成した。

一九六八年、シカゴで初のウーマン・リブ全国大会が開催され、ミス・アメリカコンテストへの抗議行動があり、リブ新聞が発行され、運動は各地に広がり多くのリブグループが誕生した。

先に女性蔑視とフェミニズムの観点で闘うためには「一人一人の奥深くにある内面、社会構造の隠された部分と向き合う必要がある」と述べた。アメリカでも六〇年代、庭付きの郊外住宅に住む、高等教育を受けた主婦たちが、自分の生活に満足できず「名前のない病気」にかかっていることが明らかになった。彼女らの多くは心の奥深くで、言い表せない生きづらさを抱いていた。それは自分一人で解決できるものではなかった。女性自身が社会構造に組み込まれ、その構造の歯車にならなければならないという社会の現実に気がついた女性たちは、その不満や理不尽に対する思いを表明するようになった。

ここで重要なのは、個人では解決できないことを放置せず、多くの女性と共有しあう問題として捉えていったことだ。社会構造は理不尽だ。それを仕方のないこととしたままでいることに、反対の眼差しを向けたのである。多くの女性は、個人で社会に存在するシステムに立ち向かうのはとても無理だと諦める。米国の女性たちは、一人では無理だから多くの女性が連帯しなくてはならないと考えたのである。

本章冒頭で登場していただいた晶子さんに話を戻すと、彼女は最初から離婚するつもりで結婚したわけではない。結婚してみたら、現実と彼女の思いとの乖離が大きく、結婚継続を断念せざるを得なかったにすぎない。現実には一寸先の予測もつかないことがある。想定外の妊娠などで、結婚をせずに出産をする女性もいる。だから彼女は「父親が一緒にくらしていなくても子どもの権利を保障してほしい」と願うのだ。これは晶子さんだけの問題ではない。「結婚が、現実がこんなはずではなかった」ということは誰にでもあることだ。「それはあなたの計画が甘かったから」と片付けてしまったら、女性蔑視はどこまでいってもそのままだ。結婚と出産をくっつけず、結婚せずに女性が自由に子どもを生めるような制度がしっかり整っていれば、本来であれば耐える必要のないストレスや苦しみから解放される人も多いだろう。

では何があれば、何をすればよいのだろうか?

スペインやロジャヴァの例、そして一九六〇年代に起きたアメリカの例を見てわかるのは、同じ思いをもつ人同士がつながっていくことの重要さだ。そうすることで現実を変え、自分も変わっていくという事実を認識することだ。

このように女性がつながっていくことを、フェミニズムでは「シスターフッド（女たちの連帯）」という。シスターフッドは実にパワフルである。女性の置かれたさまざまな問題を解決していくために最も必要なこと、それがシスターフッドではないかと思うのである。

第5章　マリコと居酒屋の亭主

結婚の決め手

マリコさん（仮称、四四歳）と真男さん（仮称、四四歳）は中学の同級生。中学卒業後一〇年たった七夕の日、同窓会がありマリコさんは久々に真男さんと会った。同窓会の出席者はたったの五人だった。五人は「何かイベントをやってもう少しみんなに来てもらいたい」と、以後折を見つけて会合をもち話を進めていった。そうこうするなかでマリコさんと真男さんの距離は近くなり、三〇歳で結婚した。

マリコさんが結婚を決めたのは、真男さんのある行動に感動したからだった。彼女のお兄さんには知的障害があった。同様の障害をもつグループにマリコさんは兄とともども参加、活動していたが、そこに真男さんも来るようになった。マリコさんのお兄さんに対する真男さんの接し方は、ごく自然なものだった。

ある夏の日、マリコさんとお兄さん、真男さんの他友人二人と海に出かけた。マリコさんがふと海岸線の小高くなったところを見た時、びっくりする光景が目に飛び込んできた。そこに兄が立っていたのだ。しかも下半身裸で。お漏らしをしてしまい、ズボン一切を脱いでしまったらしい。マリコさんは、お兄さんのもとに駆け寄った。真男さんはその状況を察知するや、走って車に行き、ビニール袋、ティッシュペーパー、タオルを取りだし、海の家で海水パンツを買い、「履いてください」とお兄さんに差し出した。

帰途の車中、真男さんは何事もなかったかのようにふるまっていた。彼の自然な態度にマリコさんは「なんて素敵な！」と感動した。これが結婚の決め手になった。

女性の力になりたい

真男さんの経歴を語る前にマリコさんについて述べておきたい。

高校一年の時、助産師の仕事を見る機会があった。マリコさんは女性を支える仕事をしたいとの思いを強め、助産師を目指すようになった。看護師を目指す女子高生は多いが、助産師は少ない。高校卒業後、マリコさんは准看護師の資格を取り、就業しながら勉強を続けた。結婚した翌年、助産師の学校に通うことになった。だが、指導教員から「このままでは卒業できない」と告げられた。助産師の資格取得は実習が多い。実習記録はその都度つけ、分析しなければならない。「アセスメント不足で、ケア記録が追いついていない」という理由だった。

やむをえず退学して地元に帰り、その後妊娠。常位胎盤早期剥離のため、九か月目に帝王切開で出産した。ちょうどそのころ夫の仕事が忙しかったため、出産後もマリコさんは「休んでいられない」と、夫の仕事を手伝い頑張った。が、やがて産後ハイから産後うつのような状態に陥った。

長女が四か月になった時、産後ケア講座を開いているＮＰＯに参加した。この講座では母になった自分が主語となるコミュニケーションワークがあった。「私」を主語に話すプログラムで、彼女は「一人の女性」という立場からものを考えられるようになった。この経験から、女性支援に際しても「私」を主語に話す活動を組み込みたいと考えるようになった。産後ケア講座の受講をきっかけにマリコさんの女性支援活動がはじまるのだが、その前に彼女の産後ケアへの思いを述べておきたい。

産後ケアの考えが必要

そもそもマリコさんが助産師を希望したのは「産婦人科で医師に生ませてもらう」という現状に疑問をもったからだ。「自立し、主体的な出産が大切。そのためには女性がからだの自治をもち、出産に臨みたい。だから自分らしいバースプランが必要」と考えたのだ。

現実の世界では、子どもの貧困やフードバンクの必要性が盛んにいわれるようになってい た。あちこちに子ども食堂ができ、ヤングケアラーが問題にされるようになっていた。とこ ろが女性支援やバースプランは一向に進んでいない。この動きにマリコさんはこう言う。

「子ども食堂やヤングケアラーは話題になるのに、なぜ産後ケアやデートDV防止の考え方が広がらないんでしょうか？　女性が自立した出産をすることは、女が力をつけることにほかならないのですが、女が力をつけることを〝よし〟としない風潮があるからではないでしょうか」

女性は結婚後、夫や医師に頼りながらその傘のもとでくらし、子どもを生むのが安心とされる。お産は女性のものなのに、産婦人科医は多くが男性で、男の世界だと聞いたことがある。だが、出産のときこそ自分が主人公になる必要がある。それをケアし、支援する仕事をしたい。「女性が自分について考える時間を保障する活動をしたい」というのがマリコさんの長年の希望だった。

女性の出産は国家に管理されている。それを通して女性は支配される、とマリコさんは考えている。これは女性にとって根源的で重要な問題だ。

思い起こすに私が初産のころ（一九七〇年代後半）、紙オムツはまだなく、木綿布を一反買ってひたすらオムツを縫ったし、姉から使い古したオムツももらった。使い古したオムツは私の弟の子どもが使うことになった。当時もいろいろな育児書が出ていたが1冊も読んだことがなく（興味、関心が沸かなかった）、バースプランという言葉も知らなかった。「イザ生みます！」という時が近づくと、周囲の女性から「初めてのお産は陣痛がハンパじゃないのよ。障子の桟が曲がって見えるくらい痛くならないと生まれない」などと酷く脅かされた。

出産とは女性が一〇か月溜めてきたエネルギーを一気に爆発させる経験にほかならない。おなかの中の子どもをずっと抱えたままでいるわけにはいかない、いずれ生みださなければならない。自ら「生む」ではなく「生ませてもらう」という他力本願であっても爆発的に出すエネルギー量は変わらないだろう。出産とは自然のものであるが、現代の人間にはバースプランのような知識が必要だ、と今になって思う。しかし、多くは（少なくとも私の場合は）孤軍奮闘しながら個人の努力で生み出したのである。

マリコさんの産後ケアに対する思いは熱い。

「いま、多くの女性は働いています。でも、育児休業がちゃんととれる職場は少ない。産後休暇すらままならないところも多い。昔は〝床上げ〟（産後一か月）までは休養していなければ、という慣習がありました。これには疲れた心身を休め、一気に出したエネルギーを再びチャージし、元に戻すという意味があります。でも、今は核家族が増え、さらに育休がとれない勤務先が多い。そうなると出産後すぐにオムツの世話、洗濯、その他の家事、やがて就業しなければなければなりません。これらは産婦の身体にダメージを与えます。だから、産後ケアという概念を広げていく必要性を感じます」

マリコさんの女性支援活動

育児と深くかかわるため、マリコさんがどのような女性支援活動をしたかを記したい。

彼女が産後ケア講座受講で特に必要性を感じたのが、母親同士のコミュニケーションの在り方だったという。ほとんどの講座は身体面のケアに傾き、付き合いがその場限りになることが多い。だが彼女は産後の精神安定、メンタル面のケアを望んでいた。初めてのお産では、乳児の発育、成長、自身の体調の変化など「これでいいのか」「いま、どうしたらいいのか」と戸惑うことが多い。子どもがミルクを飲まないだけでも産婦の精神は不安定になる。核家族が増え、その不安や疑問を投げかける相手がいないため孤立することも多い。そんな時産後ケアでその気持ちを話し合い、共感し共有できる仲間がいたらいい、とマリコさんは考えた。

彼女はピアカウンセリングができる産後ケアサークルを自ら企画し、仲間を募って団体化し、市の助成金をもらえるようにした。

子どもが大きくなれば母親のライフスタイルも変わり、活動から外れていく人も多い。しかしマリコさんはメンバーが変わる中でもずっと中心にいて、この活動を一〇年ほど続けている。活動を続ける理由に、母親が、母親や妻である前に、自分を「私」という主語で語り、「一人の女性」という意識をもつようになった体験がある。

男性の育児参加と少子化

かつて「三歳までは母の手で」という「三歳児神話」があった。それが今は違うという。「子どもはもう三歳でしょ、まだ仕事しないの?」となりつつあるというのだ。「女性活躍社会」とも言われる。この単語を聞いたときの印象についてマリコさんはこう言った。

「いままで声を上げてもごまかしてきたのに、高齢社会になり、女性を働き手としてみるようになったのです。嫌悪感を覚えます」

「男の育児参加」と言われて久しい。ところが、合計特殊出生率は様々な政策をよそに上がらないどころか下がるままだ。二〇二三年は過去最低の一・二〇で、東京都は〇・九九だった。一九五〇年は三・六五、一九七〇年は二・一三だった。これ以降、合計特殊出生率二・〇を回復した年はない。厚労省は少子化の原因を「経済的な不安定さや仕事と子育ての両立の難しさなどが絡み合っている」と説明する。だが、この文章には主語がない。たぶん主語は「女性」なのだろう。出生率の低下と父親の育児が関連するという論評は見当たらない。実証研究やデータも見たことがない。とすると、厚労省による先の少子化原因の文章は「いまの女性は家事、育児、仕事を同時に行うワンオペになっています。仕事をしながら出産し、育児をするのが困難だから出生率が下がったのでしょう」と読み取ることができる。出生率の低下、少子化の原因を厚労省は他人事のように捉えている。もっというならこういうことだろう。

「女性は仕事をもちながら家事育児もするのが望ましいのですけどね。でも物理的、肉体的にとても難しいみたいです。生み控えはやむを得ないことかもしれません。父親がもっと育児をすればいい？　そもそも父親は仕事で忙しいじゃないですか。そんなふうに話をそらさないでください。ともかく国としてはできるだけのことはやっているのですから」

「育児参加」という用語がそもそもおかしい。母親は「参加」ではなく主体的にしている。父親は、父親になったという肉体的衝撃がない分、いやいや父親にさせられる感がある。何をするのが役割なのか教えられずに父親になってしまう。にもかかわらず「育児参加を」と言われる。父親は子どもにとってどのような役割を果たすべきかがわからない。たとえわかったとしてもせいぜい「将来よい職業に就くために、よい大学に行きなさい」「弁護士なり建築士なりきちんとした職業に就きなさい」という、経済原則に収斂させることしか言えないのではないだろうか。子どもが本当にしてもらいたいこと、聞きたいことは、父親との身近な接触のなかで、どんなふうに生きていったらよいかという、精神的支柱になる言葉なのである。それも借り物の言葉ではなく、父親が自身の言葉で、自分の経験から語ることである。育児に「参加」する程度のことではないのである。

子どもが一人で食べ、飲み、歩き、排泄できるようになるまで一年くらいかかる。この間の成長は著しく、育児する大人が必要だ。育児の楽しさが最も実感できるのもこの時期だ。ところが、父親が育児休業を取る期間は、多くてせいぜい二週間から二か月くらいである。二週間では赤ちゃんの首も座らない。オムツの変え方の要領も覚えられない。つまり育児の醍醐味は味わえない。確かに父親の「育児参加」はかつてより進んでいるかもしれない。ただしそれは点と点をつなぐ程度で、線にも面にもならない。

「ワンオペだって、諦めてます」

現在、マリコさんは老人介護施設に勤務する看護師だ。子どもは一二歳の長女と八歳の次女、四歳の長男の三人で、まさに子育て真っ最中である。

彼女は現在パートタイマーで、週五日の勤務。毎週火曜日をフリーにし、この日を様々な活動に充てている。勤務時間は九時から一七時まで。介護のほか、病院から自宅に帰るまでのリハビリ業務もしている。デイサービスも行っており、業務の中心は、入所者一人一人の体調と薬の管理、褥瘡（床ずれ）のケア、排便コントロール、検温などである。

朝、子どもを送り出す時、夫はまだ寝ている。マリコさんは七時半に小学生を送り出し、八時に保育園に送り、そのまま出勤。九時に業務を開始。一七時の終業後すぐに保育園に行き、一八時から夕食づくりをする。子どもにはもっと早く夕食を食べさせたいが、どうしても一九時くらいになってしまう。夕食後、子どもの宿題を見る。一二歳の長女はキッズ手芸塾に加え、ピアノとスイミングを習っている。八歳の次女はレスリングの練習をしている。

夫の真男さんは居酒屋を営んでいる。休みは日曜だけ。家事をするには時間的ゆとりがない。ときどき洗濯をするくらいで、保育園の送り迎えはほとんどしない。「面倒くさがりで家事に手を抜くタイプ、お風呂さえ決めたとおりに洗ってくれないんですよ」とマリコさんはこぼす。「夫が店を始めた時点で、ワンオペをやるしか仕方がないと諦めました。ワンオペで嬉しかったことはないです。けれど、子どもが夕食をおいしいって言って食べてくれるのは楽しいです。子どもの成長が見られるのも嬉しい」とも言う。

居酒屋の亭主

家族が一人ずつ増えるなか、夫である真男さんはどのような身の振り方をしてきただろうか？

彼は子どものころからレスリングが強く、様々な大会で優勝してきた。中学ではレスリング部がないため、柔道部に入った。ある大会でレスリングの関係者にスカウトされ、中卒のままその人が関わる団体に所属し、一〇年間その世界で過ごしてきた。給料も出たし、社会保険もかけてきた。スカウトしてくれた人が定年退職したため別の団体に移ったが、母親が病気になり引退し、地元に帰った。二五歳だった。

一年間は気ままにくらした。レスリングを辞めたあと、心身とも憔悴していたからだ。やがて大型トラックの免許を取得。運送会社に勤めた。パンを配送する会社だったが、朝四時から夜遅くまで仕事をするというブラック企業だったので、退社した。

真男さんはレスリングの団体で、食事を作る仕事を長らくやってきた。真男さんの要領のよさ、器用さを見た上役が彼を抜擢したのだ。その経験から、一年間調理師学校に通い調理師免許を取得。知り合いのつてで日本料理店に見習いとして就職。二年間調理の実際を身につけた。

真男さんは三〇歳をメドに店を開きたいと考えていた。居ぬきの賃貸を見つけ、そこで居酒屋をはじめることに決めた。一人ではできないので、はじめは身内に働いてもらい、やがてアルバイトを雇うようになった。結婚したこともあり、居酒屋の開店準備、新居でのくらしのスタートと目まぐるしい年であった。飲食店のオーナーなので店にいる時間が長い。いまは正社員一人、バイト三人を雇っている。昼の一二時に食材の買い出しに出かけ、そのまま仕込みをする。営業時間は一七時から二三時。帰宅は二四時前後。休みは日曜だけだ。

元レスラーである真男さんは身長一七五センチ、体重一二〇キロと恵まれた体格だ。性格はいたって温厚。本人は「自分は面白みのない人間」と言うが実際はユーモアのセンスがある。純粋で無邪気、偉そうなところがないとマリコさんは言う。客のタイプが読める人で、接客業に合っている。家庭では子ども三人を相手に遊ぶ。子どもたちはうれしそうだ。

ある時子どもたちがタッチパネルに文字を打ち込む速さを競うゲームをやっていた。「父ちゃんもやってよ」とせがまれた。彼は戸惑った様子でこう言った。「父ちゃん……ローマ字、打てないんだ……」。彼は中卒である。学歴が低いのがコンプレックスなのかもしれない。「でも、夫は家族の輪の中心にいるんです」とマリコさんは微笑みながら言う。

居酒屋の経営は決して楽ではない。マリコさんは「私の稼ぎがあって、家計はようやくトントンというところ」と話す。

「夫は夜が勝負の商売です。それで嬉しかったとか、よかったなあとか助かったと思うのは、夏休みなどの長期休みの時、昼過ぎまで子どもを見ていてくれることです」

マリコさんは夫に対する不満はなさそうではある。しかし、こうも漏らす。

「想像力をもっと働かせてくれてもいいはず。例えば私が不在の時、洗濯物を取り込んだりたたんだりしてくれても、仕分けができていない。あとでとても手間がかかる。全部しまうくらいはしてほしい。夫の能力ならできるはず。食事作りや洗い物までしてほしいとはさすがに思わないけれど、家事の分担をもっときちんとしておけばよかったと思う」

マリコさんは手厳しい指摘をする。夫は居酒屋経営で一杯いっぱい。想像するに、家事とは絶え間なく続く相手への配慮だという認識ができていないらしい。いま、子どもがどのようなところに手がかかるか、ならば自分は何をすべきか、考えが及ばないのかもしれない。

「夕食は何とかしても、朝は納豆とご飯だけがやっと、ということもあります。よく『オレの飯は?』という夫がいると聞きます。『わたしだって一日仕事をして相当疲れているのに、この言葉でキレそうになる』という友人がいます。それを言われないだけウチはマシかもしれない」

子どもは父親が大好きだ。たまに一〇時くらいに帰宅すると、いつもより早い帰宅に子どもたちは喜ぶ。布団に入っていても出てきて遊んだり、話したり、つまみ食いしたりしている。マリコさんにしたら迷惑な話ではあるのだが。

肉声をもつ家族

マリコさんと真男さん家族の話を聞きながら、ここには肉声と肉体感が溢れていると感じた。看護師のマリコさんは「私がママよ」ではなく、「私はマリコという人間です」と、人間の声でしゃべり、肉体を持っている。元レスラーの真男さんの言動には躍動感と情動がある。失敗しつつ試行錯誤してきた彼らの生活には、知識ではなく理性でもなく、肉体のぶつかり合う音がする。そこには悔しさ、辛さ、怒り、理不尽、あるいは喜び、慈しみという感情がある。

戸籍制度が創出、導入されたのは明治三年（一八七一年）。これによって家族は国家にとっての基礎単位として把握される存在になった。戸籍制度の導入以降、ことに第一次世界大戦中の生活難を契機として、日本は「一等国」にふさわしい国家建設のため近代家族の形成をめざした（小山静子『家庭の生成と女性の国民化』一九九九　勁草書房）。国家の基礎単位として作られた家族は、時代にふさわしい家庭の在り方が要求され、役割としての父と母が形作られていった。ことに女性に課せられた役割は「女子教育」によって確立し、母、妻、嫁役割を担う存在として機能していった（梶原公子『女性が甘ったれるわけ』二〇一〇　長崎出版）。

現在の視点から戦前の「女子教育」を見ると、個人の意思と乖離している部分が多い。当時もそして戦争直後も「女子教育」は国家から押し付けられたもの、という感覚をもつ女性は少なかったと思われる。戦後、女子にも大学の門戸が開かれた。当初は「女子にふさわしい学部」というものがあった。それは二学部（文学部、家政学部）四学科（国文学、英文学、食物学、被服学）と呼ばれ、団塊世代の女性の多くはこれら学部、学科を選ぶのがよしとされた。一八歳当時の彼女らはこれを当たり前のこととして、学問領域の選択が個人の意思と乖離しているかどうかはあまり斟酌しなかったのではないだろうか。

戦後、近代家族を表す用語として「一家団欒」「私的空間としてのマイホーム」「女性の領域」「母の犠牲的精神」などがあった。これらの用語から、戦前の「女子教育」の払拭と「家父長制」の持続が同時に進行しているさまがうかがわれる。「女子教育」は戦前から戦後へと、途切れなく続いていたことがわかる。

肉声が聞こえない家族

上野千鶴子は『近代家族の成立と終焉』で、小島信夫の『抱擁家族』を引きながら、次のように記している（上野千鶴子『近代家族の成立と終焉』一九九四　岩波書店）。

「そう思って見渡してみれば、世の中には『恥ずかしい父』と『いらだつ母』が溢れている。そしてその子供たちの『ふがいない息子』と『不機嫌な娘』が結婚すれば、小島信夫の『抱擁家族』の俊介と時子になる」

『抱擁家族』（小島信夫一九六五　講談社）[4]で描かれる家族とは、妻の情事と病。子どもたちの離反。夫は崩れゆく家庭をつなぎ止めようと進行する悲劇とは裏腹に喜劇を演じ続ける。

上野は『抱擁家族』についてこう続ける。

「『父の喪失』と『母の崩壊』は、近代家族の終焉とともに常態化しつつある」

だが、近代家族の崩壊は、西欧およびロシアではすでに一九世紀から論じられていた。ドストエフスキーはこれを「偶然の家庭」と呼んで『未成年』において次のように述べている。

「まぎれもない名門のロシア家庭が、抗しきれぬ流れに押されて、ぞくぞくと偶然の家庭に

4・江藤淳は1967年、同書を大人＝主体への「成熟」を忌避する「父」としての統治能力の欠如によって、家庭崩壊に至ることを指摘している。「父」である主人公像は同時代の日本の象徴であるという読解をし、強い影響力を与えた。江藤は本作を、戦後日本を考察する上で繰り返し参照される作品へと導いた。

転化し、ともども全般的な無秩序と混沌のなかに巻き込まれていく」「わがロシアは父親の醜いおこないや環境の冷たさによって辱めを受け、もう小さい子どものころから家庭というものにひがみをもっている子どもが多い」（ドストエフスキー 工藤精一郎訳『ドストエフスキー全集13未成年』一八七五 新潮社）

「偶然の家庭」は『抱擁家族』と重なるし、現代の家庭ともつながっている。

上野が『近代家族の成立と終焉』を記したのは一九九四年である。一九九〇年代半ば以降、家族をめぐる用語として目立つようになったのが、ドメスティックバイオレンス、ひきこもり、不登校、モラルハラスメント、口喧嘩と無視などである。無視、無関心は良心の呵責なき犯罪といわれる。同じ家にいながら、子どものことが気にならない、話をすることがない、などを指している。

一九九〇年代末、近代家族は終焉を迎えていた。小山の指摘に従って第一次大戦中をその成立時期と考えれば、終焉までの期間は八〇年ほどである。この間、国民は国家の示す男女役割に従い、「家長」を筆頭に、個人がもつ感情を押し殺し、国家政策に沿って国をつくる最小単位として家族を機能させてきた。国家が割り振った父役割、母役割に従ってくらせば、家庭には一定の安寧が保障された。もちろん安寧の保障は一定の経済成長と家庭収入が伴うことを前提にしている。

近代家族には、家族員に感情を伴う肉声はあったのだろうか？　人間としてモノをちゃんとしゃべっていたのだろうか？　そういう疑問がわいてくる。

父役割、母役割が二〇世紀末になって「喪失」し「崩壊」していくとともに、近代家族も終焉を迎えた。このことと並行して家族を形容する用語も、ＤＶに代表されるマイナスイメージに変わっていった。家族員がそれぞれの言葉をもってしゃべることが減少した。押し黙ったまま、あるいはスマホを見ながら一つ屋根の下にくらす時間が増加している。

国家は国民に対して、あるべき姿の家族をつくれ、と今も要求し続けている。しかし、不機嫌な娘や息子は、肉体でぶつかり合い、肉声で語り合うことがない。娘や息子は家族が和気あいあいでなくてもいい、本音で、本気でしゃべれる空間が欲しいのだ。

法に拠らない平等

三〇年近く前の話だ。佐知子さん（仮名、当時四六歳）という友だちがいた。フェミニズム運動のなかで知り合った時、彼女はすでに離婚していた。子どもはいなかった。あるとき佐知子さんに、何が原因で離婚したのか聞いてみた。フェミニストが離婚した理由に関心があったからだ。

「理由はとても簡単よ。私たちは結婚当初から家事を分担してくらすことにしていた。掃除をするのは彼の役目。それが、掃除機をかけるとき彼の顔が変わるの。ものすごく怖い顔をして、床に掃除機を押し付けんばかりにぐいぐい掃除するの。どうしてそんな顔をしながら掃除しなければいけないのか私には理解できなかった。その顔を見るのが耐えられなくなって、離婚したの」

この離婚理由に私は驚き、そして理解できなかった。ワンオペ真っ最中だった私には、夫婦で家事を分担するなんてむしろ民主的ではないか、とただただ羨ましかったぐらいだ。しかし、ワンオペの時代をすぎたいま「あの時、私たちも家事を半分ずつ分担していたら（ありえない話だが）、その後どうなっていただろうか？」と思うことがある。きっと、いや絶対にうまくいかなかっただろうと思う。家事は人間のくらしそのものである。算数のように割り切れることのほうが少ない。割り切れず余りが出ることが多い。家にいる時間が少ない夫の多くは、くらしというものがわかっていない。だから家族、家庭内では近代法も合理主義も通用しないのだ。

そもそも子どもを生むのは国の政策として決められているわけではない。生むのは自然なことだし、生みたいから生むのである。だが、授乳も産後うつも女性側が受け持つ。これは完全に不平等だといえる。では、子どもを愛する行為はどうか？　もちろん法律で決められていることではないが、ほとんどの母親は愛情なくして育てることなどできない。国に「愛しなさい」と言われなくても愛し、慈しみ、無償の愛を注ぐ。

洗濯は好きだけれど、料理は苦手。買い物はいいけれど、食器洗いは好きになれないなど人には好き好きがある。得手不得手もある。ことに料理は「今日はこれを作りたい！」と思う時と、まったく作りたくない時がある。きれいに掃除された部屋でなければいや、という人もいれば、ある程度散らかっていたほうは落ち着く人もいる。

このように考えれば、家事を分担する場合「平等」は成り立たない。「平等」は近代的合理主義に基づく理念だ。佐知子さんはこの理念のもと、家事の平等を実践した。だが実際は理念と現実との間に相当な乖離を生んだ。離婚に至った原因は、平等に割り振った結果、掃除一つするのも人間の感情が介入する、という現実に気づかなかったことだ。この現実を勘定にいれなかったことが、二人のコミュニケーションを妨げる要因となった。夫があまりにも「やりたくない」オーラを出したことがあるかもしれない。家事を平等に分担するには不合理な要因が多すぎるのだ。

家事を割り算ですれば、余りの数が不満となって日々積み重なっていく。人間が理不尽な存在なのと同じように家事も理不尽なのだ。理不尽なことを理不尽なこととして受け止める心づもりと余裕がなければ、家事全般は回らない。家事とは合理的精神に基づくものではないからだ。

ワンオペの根源にあるもの

マリコさんの話に戻ろう。

夫の真男さんは威張らないし、誠実で謙虚、子どもに好かれる父親である。にもかかわらず、マリコさんには夫の家事へのかかわり方に不満、愚痴がある。だから「ワンオペだと諦めてます。もっと想像力を働かせて家事をしてくれたらいいのに。夫の能力からすればできるはずなのに」ということになる。

なぜ、真男さんはマリコさんからこのような評価を受けることになるのだろうか？

聞き取りの時、女性の多くが「夫から愚痴を言われるのが面倒なので私がしてしまう」と言っていた。「そんなにいやなら私が一人でします」というのが、ワンオペ女性の偽らざる本音だ。

ではなぜ、この役割を担うのが男性ではなく、女性なのだろうか？

真男さんのように家事を拒否する気持ちが少ない人でも、行為としてしたくないオーラが出てくるからではないだろうか。そこには、「そもそも家事は女がするもの」「すべての女性は主婦である」という無意識の認識があるからではないだろうか。この無意識は社会構造化された「男の特権」「家父長制」から来るもので、真男さんにも内在している。だからマリコさんは諦めるのだ。

では「家父長制」とは何か？

上野千鶴子はいくつかの文献を引きながら次のように定義し「これでもまだ十分ではない」と付け加えている（『家父長制と資本制』一九九〇　岩波書店）。

「家父長制とは性に基づいて、権力が男性優位に配分され、かつ役割が固定的に配分されるような関係と規範の総体」（これをわかりやすくいうなら、女性と男性という性の違いによって、政治や経済を左右する力を持つ男性の方を優れた存在とし、役割も女性と男性によって動かせないものとして決めている。これは憲法や法律で決めているわけではないが、社会の決まりごと、申し合わされた慣習として人々のなかに定着しているのである）

明治民法に規定された「家長」は戦後廃止された。だが今なお「権力が男性優位に配分され」ている。随所にみられるごく身近な例を二つ挙げたい。

以前、私たち夫婦は中古のマンションを購入した。住居取得の届を市役所に出した時、用紙を見た担当者が私に聞いた。「世帯主の欄にある名前はあなたですね？　その下にあるのがあなたの夫ですね」。私が「そうだ」と答えると担当者は定規を取り出し、私の名前に線をピッと引き、その上に夫の名前を書いた。あっけにとられていると、担当者はごく普通に次の事務処理に移っていった。この行為はとっさに「問題だ！」と思ったが、あまりにも当たり前のように済まされたため、それを言う言葉が出なかった。

もう一つの例。私たちは共稼ぎだったが、子どもの扶養者は当然のように夫が担い、健康保険証も夫名義になっていた。ただ、子どもを病院に連れていく頻度は母親である私のほうが多く、そのたびに夫の健康保険証を借りることになる。それが面倒なので、学校の事務員に私の扶養にできないか聞いた。「基本的には父親が扶養します。ただ母親の収入が多い場合に限り母親が扶養することができます」との返事だった。「母親の収入がどのくらい多ければいいのですか？」と聞くと「相当程度、とされていて金額の明示はありません」とのことだった。子どもを扶養家族にすれば扶養手当がつく分、その親の収入は多くなる。「扶養者は男性」という了解事項そのものが男性優位を示している。

この二つの例は、いずれも日常的な一コマにすぎない。事務担当者はいずれも女性だったが、彼女たちはそこに男性優位の「家父長制」が潜んでいることにまったく気付いていない。

それほど家父長制はごく自然に社会に浸透しているのだ。

家父長制とジェンダーギャップのつながり

ここまでの事例も含め、ワンオペとは権力が男性優位に配分された結果であることがわかる。この社会規範を、男女を問わず多くの人が受け入れているため、ワンオペは女性に割り振られるのである。男性優位の社会構造は男性だけが認識し、是認しているのではない。女性もまたこの規範を無意識のうちに刷り込まれ、受け入れている。つまり、社会構造化され、人々が無意識に取り入れている「家父長制」がワンオペの根源である。そのため、個人や個々の家族だけでワンオペを変えるのは困難なのだ。

家父長制が組み込まれた社会は、それが是なのか非なのかわからないままに個人も家族も、そのうねりに呑み込まれている。真男さんのように家父長的ではない男性であっても、このうねりから完全に逃れることができていない。

男性が女性より優位であるとはいえないのは、ウーマン・リブやフェミニズムの研究によってすでに明らかにされている。国際社会はこの差別を取り除くため活動している。、毎年発表されるジェンダーギャップ（男女格差）指数はその活動の一環である。二〇二四年の日本のジェンダーギャップ指数は、先進国七か国中最低の一一八位（世界経済フォーラム二〇二四年六月）。ワンオペとはジェンダー不平等の表れにほかならない。

なぜ日本は先進国のなかで男女格差がこれほど酷いのだろうか？　そこには他の先進国にはなくて、日本社会には当然のように受け入れられている何かがあるからではないだろうか。日本独特の根強い男女格差の大元は、社会構造化された家父長制である。他の先進国ではすでに失われてしまった「日本独自」の家父長制といってよい。

この場合の「日本独自」のなにかとは、公私いずれの場を問わず社会の隅々にまで浸透し、空気のようにいつも吸い続けている「天皇制」に他ならないのではないだろうか。ジェンダーギャップ指数が世界で一一八位と低位置であるにもかかわらず、これが社会問題にならないのは、その現実が空気中の酸素のように、なくてはならないものになっているからではないだろうか。

ノンフィクション作家保坂正康は「皇室の家族像が日本の家族像の象徴であるとの立場」から、明治に始まる近現代の天皇を俯瞰した論文を載せている。ここでは「（令和の時代）にきて、現代史の天皇像が次第に完成の域に達してきた」として、皇室における家族像について次のように述べている。

「定着とは（令和）天皇、皇后両陛下と国民の間に紐帯ができるという意味になる。（略）新皇室像とは、両陛下と愛子さまの三人で国民に示す、ご家族一体の姿といってもいい。天皇陛下の温厚で懐の深い所作は、明らかにこの時代の人々の心情に影響を与えている。（略）令和の天皇陛下は徳仁という人格と令和という時代を一体化させた皇室像を引き継ぎ発展させていく姿勢を示している」（東京新聞二〇二四年六月一四日）

保坂が「定着とは天皇、皇后両陛下と国民の間に紐帯ができる」ことと述べているように、明治以降日本では皇室の家族像が日本人の家族像の模範とされてきた。現代も天皇継承は「男系男子たる皇族」、つまり「家父長制」を基本にしている。皇室の家庭像は一般家庭の模範となり、夫を世帯主、扶養者とするしきたりと申し合わせ事項をつくり出している。このしきたりと申し合わせ事項は「夫婦平等」を飛び越えて、無意識的に妻が夫に従属する社会構造をつくっていると考えられる。

第6章　良妻賢母な女性たち

「なぜ父親は子育てをしないの?」

二〇年近く前、私が高校教員だったころの話だ。仲良くなった米国人のALT（Assistant Language Teacher）から日本の習慣についてよく聞かれた。日本にいたら当たり前のことが、外国人からすると奇妙に見えることが多いという話だ。「日本では冬になると、一つの布団にみんなで入ると言ったら母国で驚かれた（コタツのこと）」「シャワーのない家によく住んでいるわね、と驚かれた（彼女の住まいは、六畳二間、台所と浴室という貸家だった）」などだったが、中には考えさせられる質問があった。

「なぜ日本の父親は、母親に子育てを任せきりで平気なの?」

「なぜ日本の父親は子どもの教育に無頓着なの?」

子育てほど面白いものはないのになぜ放棄するのか、という疑問だ。彼女には、日本の父親の存在価値が感じられなかったのだ。私自身を思い返すと、父親との接触は一貫して少なかった。父と夕食を共にした記憶がない。高校などの進学について聞かれたことがない。教訓を語られ、諭されたことがない。唯一、給料日になると児童用文学全集などの本を買ってきては、黙って子ども用の本棚に並べていた姿だけが鮮明に残っている。

ＡＬＴの彼女は、米国に住むユダヤ人の話をもしてくれた。興味深かったのは「どのようなときに親は子どもを褒めるのか」という話だった。成績がよいとか、よい学校に入ったとかでは褒めない。「子どもがよい質問をしたときに親や先生は褒める」という。よい質問とは「答えるのが難しい、誰も答えられない質問」だ。その質問の答えをみんなで考え、話し合う。二人いたら三つの答えが出る、そのようなときに新しい発見がある。それが子どものしつけになる、というのだ。

日本はいまだに協調重視の風潮が強い。人と違う意見をもってはいけない、人と違う考え方もいけない。一億人いても答えは一つ。試験には答えのない設問はない。だから発見がないのかもしれない。積極的に仕事をしたり、発言をしたりする人は嫌われ、出る杭は打たれる社会だといえる。

家族に目を向けてみよう。

これまでモデルとされてきた「夫婦と子ども」の家族割合をみると、一九七〇年は四一・二%だった。それが二〇二〇年は二五・〇%に減少。単身世帯はそれぞれ、二〇・三%から三八・〇%に増加している（総務省統計局『国勢調査報告』二〇二三年）。世帯の構成員が半世紀間で大きく変わり、世帯、家族の在り方も変わった。では、家族の役割モデルが変わり、父親が子育てをするようになり、性別役割分担は薄らいできたといえるだろうか？

高校教員としての私の経験からだが、父親の子育て、性別分担の減少はそれほど進んでいない。保護者面談で学校に来るのは一〇〇％近くが母親だった。母親の話からは、父親と子どもの間に精神的な接触が感じられない。教育に熱心な母親は「正解」のある試験を信じ、正解をより多く答え、よい成績、よい学校に入った子どもを褒める。父親と母親の意見がかみ合わないケースも多く、子どもと両親がかみ合わないこともある。

本章では「家族」という側面から、ワンオペについて考えていきたい。

夫は孤独か？

一般的に、夫は妻の前でいつも着ている鎧を脱がず、自分の本音を妻に言わない。そのために相互理解が深まらない。夫婦生活が長くなるほど夫婦間で言葉を交わすことが少なくなることもある。共通の話題が少ないからだろう。会話がないから相互理解に至らない。表面上は相互理解をしているふりをしあい、それが仲のよい夫婦とみられる。夫の心の底には、自分のほうが妻より優位に立っている、立っていたいという思いがある。自分が屈辱的にならずにすむ位置をキープしたいのに、妻の悩みや苦しみを知っても理解しようとする気持ちが働かない。ほんとうは、夫は自分の苦しみや悩みを妻にわかってもらいたい。「僕の気持ちをわかってね、本当は君（妻）のことを理解したいんだよ」と、夫のなかの別の声がつぶやく。夫は自分の子どもと仲良くなりたい。しかし、どのようにしたらそうできるのか、どう伝えたら妻や子どもにわかってもらえるのか、その言語をもたない。

一方、妻はそもそも鎧など着ていない。夫が自分を理解しておらず、むしろ支配していたいことを心得ている。彼女らは常に冷静で現実的だ。妻の多くは野心とか自尊心をもたず、生活の安定と世のなかの平安を願っている。だから年をとるごとに夫が重荷になり、疎ましくさえなってくる。

夫は長い間の職業労働のなかで自分の能力の限界を知り、コンプレックスを抱えるようになる。それでいて、意外と本音を言える友だちが少ない。本当は妻と言葉を交わし、わかりあいたいと思っている。だが、自尊心という鎧がいつも邪魔をする。夫というものは屈折していて孤独な生き物なのだ。

私は夫婦歴四八年。あと二年で夫との付き合いが半世紀に及ぶ。この長きにわたる歳月で得た夫というものに対する経験知がある。それは、夫が鎧を脱がない理由のほとんどは家父長制からきているのではないか、ということだ。もしかしたら彼ら夫は、自分が鎧を着ているという感覚すらないのかもしれない。そして、家父長的な夫ほど孤独なのではないだろうか。この四八年間を振り返ると、わたしたち近代家族に人間関係はあったのだろうか、と思う。家族員のそれぞれは人間の言葉をしゃべってきたのだろうか？　もしかしたら、妻として言うべき言葉、子どもとして話すべきしきたりに沿ってしゃべってきたにすぎないのかもしれない、という疑問をもつことがある。

上野千鶴子は『家父長制と資本制』の中で次のように述べている。

「家父長制は資本制にとってたんにコストにしかならない。それなのになぜ家父長制を維持する理由があるのか」「欧米では、資本制はもはや家父長制の支持を必要としない。（略）少子化の中で女の育児負担はかつての子沢山の時代より縮小したように見えるが、実はその逆である」

日本は、時代遅れなのにいつまでも家父長制という鎧を男に着せ続けている。男はなぜそんなに重たいものを着用し続けるのか？　その理由は、妻が夫に対して忖度し、妻としての意識が刷り込まれているからではないだろうか。「この人（夫）には忖度し、わかったふりをしておいたほうが丸く収まる」と。この意識を良妻賢母規範と呼ぶ。家父長制と良妻賢母はコインの裏表である。

いまの若い女性にとって「良妻賢母」はほぼ死語だろう。だが、社会通念としては公的にも私的にも有効に働いていると思われる。そんな考え方は古い、現代では通用しないといわれながら、無意識のうちに遵守されている。ちょっとした集まりの席でも、女性はお茶くみのために誰に言われなくても席を立ち、湯飲み茶わんを洗うのが習慣化している。さらにいえば、良妻賢母規範はワンオペと結びついているとも考えられる。

夫婦と子ども二人の家族

ここまでの章では三〇代から四〇代のワンオペ真っただ中な女性に注目してきた。以下の章では彼女らの倍くらいの人生経験と夫婦生活を過ごしてきた女性に注目しつつ、家族の在り方とワンオペについて考えたい。

絹代さん（仮名八三歳）は一九三九年生まれ。戦前に生まれ戦後に育った。六人姉妹で六人とも定時制高校を卒業。彼女は高卒後、デパートのなかにある書店で働いた。ここで夫と出会い二〇歳で結婚。夫は二二歳、次男で市役所勤めだった。絹代さんはその時のことを振り返り「あれは足入れ婚じゃなかったか？　そう思っているんです」と言った。なぜそう思うか聞くと「結婚式らしいものはやったけれど、あまりにも簡素すぎて正式な結婚式とはいえなかったからです」と不満げに答えた。

彼女は二五歳で長男、二七歳で長女を出産した。夫もまだ若く給料が安かったので、子どもが生まれたあといくつも内職をした。洋服に刺しゅうをする、羊羹を詰める袋貼り、絵本の組み立て作業などだ。

「夫は父親っ子で、何かにつけ判断が甘い人なんです。そのくせ何でも自分で決めてしまい、私には何も相談しない人なんです。例えば、勝手に引っ越したり、引っ越した先で公民館の留守番をさせられたりもしました。夫の両親の家系がとても複雑だったので、その影響が夫の性格に現れているのかもしれません」

絹代さんは出産後子育てに専念した。長女が二歳のころ家を新築、三歳になった時に、託児所があるという自動車部品工場の事務員として働きはじめた。三〇歳から四じ歳まで、四時間勤務のパートタイマーとしてこの仕事をつづけた。長女が短大を卒業すると同時に退職した。その後はカルチャーセンターなどで趣味や習い事を楽しむようになる。大正琴を一〇年、コーラスを一〇年、その後体操教室に励んでいたが、腰とひざを痛め、習い事を中断した。

長女はその後結婚、二人の子どもに恵まれた。長男は高校卒業後自衛隊に一年勤務したのち、消防署隊員になり、現在も勤務している。彼はシングルである。足腰を痛めた母親を気遣って布団を干したり、買い物に一緒に行って一週間分の食材を買ってきたりする。

絹代さんの夫は六一歳まで市役所職員として勤めた。退職後は三年間、市民会館に勤務し、その後エクステリアに詳しい先輩のつてで植木屋をはじめた。植木職人として二〇年余り働くが脳梗塞を起こし、入院、加療のため仕事をやめた。八五歳になったいまは庭で花を育てることと、テレビの番が日課だと彼女は苦笑する。

「いまは自分中心にくらしていますよ。でも、夫と長男と私と三人いるでしょ。家事の切り盛りは私一人でやっています。息子には弁当を作るし、夫の食事は三食用意します。規則正しく三度三度よく食べる人です。若い世代は夫が家事を手伝うといいますけれども、私の夫は何もしませんでした。いまは年金生活です。でも年金は少ない。夫は上げ膳据え膳で何もしない人なんです。一度年金だけで切り盛りしてみてほしいと思います」

八〇歳を超えても主婦

絹代さんは日本が経済成長をしていく時代に結婚し、一九六〇年代を通して典型的核家族を形成した。夫は仕事、彼女は主婦として母、妻の役割をまっとうした。だが、主婦役割が犠牲的献身的行為だと思ってそうしたわけではない。

八〇歳を超えると、夫婦それぞれが身体に不具合を抱えるようになった。それでも彼女は家庭の切り盛りを続けた。夫は何の疑いもなくそれを享受している。妻が日々の家事をこなすのがつらくなっていることに気づかないのかもしれない。絹代さんが「夫も年金で一度切り盛りをしてほしい」という愚痴をこぼしたのは、ここまでうまくいっていた家庭の切り盛りが、年金の少なさと年齢による体調不良のため、うまくいかない部分が出てきたためだ。この現状を夫と共有できないことが絹代さんには不満なのだ。

私は以前、地域の反原発運動をしていたが、最も年長のAさん宅に電話した時のことを思い出した。朝一〇時くらいだったが「主人はすでに出かけています。借りている畑の手入れに行きました。お弁当を持っていったから、帰りは夕方だと思います」とお連れ合いが答えた。

「お弁当を持っていった」ということは、お連れ合いが朝作ったのだろう。八〇歳を過ぎて主婦を続ける女性が少なくないことを改めて知った。「私つくる人、僕たべる人」は生きている。

体調が悪いのに食事作りをしなくてはならない絹代さんは、現状を理不尽だと感じている。夫はこれまでのくらし方に何の不足、不満もない。妻の苦労を顧みることは思いもよらない。絹代さん自身も結婚後、子どもを生み、主婦になって生きていくことに疑いをもたずにきた。もし体調不良がなければ「夫にも家庭の切り盛りをやってほしい」とは思わないだろう。

絹代さんの「夫も年金で一度切り盛りして」という言葉は、高齢社会がもたらすものであるが、同時に良妻賢母規範の結末でもある。

二世帯家族では

八〇歳を超えて主婦を続けているのは、核家族の主婦に多いのかもしれない。では、二世帯家族の場合はどうだろうか。

玲子さん（八三歳）は最近歩くことが苦痛になり、室内でも杖を突くようになったが、他は特に問題ない。夫（九〇歳）は身体的問題を特に抱えていない。彼女は高校卒業後、工場の現場仕事に就き、二二歳で結婚すると同時に退職。夫は真面目で器用な働き者だ。子どもは年子で二人生まれた。長男が四歳になった時に再就職し、六〇歳まで働いた。長男は結婚とともに北海道に移り住んだ。玲子さん夫婦は、長女（五八歳）夫婦と孫の五人暮らしだった。孫は就職とともに家を離れ、いまは娘夫婦との二世帯家族である。

家族五人だったときから、玲子さんは家族の食事作りをすべて引き受けてきた。娘婿と孫の弁当を作り、若い人には肉料理を、自分たち夫婦は煮物を、というように配慮もしてきた。

「食事作りはほとんど私一人でしてきましたけど、無理にそうしてきたのではないのです。

一つはボケ防止だと思っています。みんなの分を作らせてもらっている、そういう感謝の気持ちのほうが大きいです。今、若い夫婦はそろって働く時代だから、若い人に協力したいと思っています」

家族に喜んで食べてもらえる毎日の食事作りは、彼女にとって大事な生きがいだ。「作らせてもらっている」と玲子さんは強調した。食事作りのほかに洗濯もこなす。それを理不尽だとか不公平だとは感じていない。自分の役割を疑うことなく受け入れ、楽しんでいる。

人間関係は人数が少ないほど、相互の関係は密になりやすい。絹代さんの場合は、夫が病気を患って以来、家にこもりがちだ。だから一日中家にいる夫の言動が気になる。玲子さんの場合は、夫は九〇歳をすぎても自主的に近隣の草刈りをするなど活動している。同居しているのは娘夫婦だ。気心の知れた娘とのやり取りは親子げんかもするが、気晴らしにもなる。

今も生きている良妻賢母

八〇歳をすぎた絹代さん、玲子さんは、家族形態はそれぞれ違っても良妻賢母に基づいたライフコースという点は同じだ。

良妻賢母の歴史をたどると、この教えは戦前まで女子教育の要であった。戦前まで、女子教育の最高学府は高等女学校だった。女子にはこれより上の学校はないという意味で「高等」を使ったのである。

日清戦争のあと、一八九六年（明治二八年）「高等女学校規定」によって「国家と女性との関係性は論理的に明確化された」。この規定とは「女の生き方を母や妻であることに限定させ、教育レベルを低度に抑える機能を果たした」と小山静子は指摘する（『良妻賢母という規範』一九九一　勁草書房）。この「良妻賢母」思想に沿って生きることこそが「幸せな家庭」をつくる大元である、と高等女学校では教えた。

私は近隣に住む、かつて高等女学校を卒業した人から次のような話を聞いたことがある。「ある日突然、女学校の教室に地域の有力者がやってきたんです。その人は教室中の生徒を一人一人見て歩いていました。後で聞いたところによると、どの娘（生徒）を嫁にするのがいいか視察して、決めていったのだそうです。指名されて、喜んで良家に嫁いでいく子もいましたよ。嫁の青田刈りですよね。悪く言えば人買いですよ。私はそんな結婚はイヤでした」。しかしこれはよくある光景だったという。

近代人は、他者を愛情の対象としてではなく、生きる手段としてしか見ないといわれる。だから、人を好きになれなくなったのだと。高等女学校で「良妻賢母」をみっちり教わり、地域の有力者に指名され、良家に嫁げば一生安泰に生きていける。いわゆる玉の輿である。

良妻賢母は結婚に関して「愛情」や「自由」という感情をさしはさまないところで成立する。「安定したくらしこそが幸せ」と考えれば、たいそう優れた教えである。

絹代さんと玲子さんは、ともに戦後の新制高校を卒業している。が、良妻賢母の教えをなぞって生きてきた。この規範を社会通念として受け止めることによって、安定した家庭を築いてきた。良妻賢母は侮ることのできないイデオロギーだ。近代家族を支える中核をなし、女性の「幸せ」を保障する思想だからだ。

この思想によって女性は自発的に次世代の国民を生み、育て、内助の功をもって夫を支え、進んで家事、育児をこなす。内助の功は八〇歳をすぎても続けられる。国の側からすれば、女性は経済成長を達成するため、人材、能力、エネルギーをタダで提供してくれる存在だ。彼女自身が国に対して貢献しているなどとは感じておらず、「私のしていることは子どもと夫への愛情なのです」と思っていても構わないし、むしろそのほうが都合がいいのである。

「何をおいても私にとって最優先するのは家族です」と言い切る女性に出合うことはよくある。良妻賢母は、女性に安定したくらしと幸せを約束するいいことずくめの教えだからだ。とにかくまずは手ごろな夫をゲットし、稼いでもらう。自分は母として妻としての役割を担うことでアイデンティティを感じ生きていく。それが生きやすい道なのである。

「年収の壁」

良妻賢母を語る時、必ずというほど出る話題がある。妻として「働く」か「働かない」かである。働く場合、扶養内で働くのが大事だということ、つまり配偶者優遇制度を踏まえた問題だ。本章に登場する絹代さん、玲子さんともパートタイマーではあったが長期間にわたって賃金労働に従事してきた。彼女たちの主たる仕事は家事、育児であり、賃金労働は家計の補助であり、夫の扶養内での就労ということだ。

絹代さんたちの世代と比べ、現代の女性が結婚後も賃金労働をするモチベーションは大きく変化している。絹代さんたちの場合は家計補助という大義名分のもと、子どもの教育費などのために収入を増やしたいのが目的だ。だから子どもが学校教育を卒業した時点で退職し、生活の軸を趣味などに移している。だが、第3章に登場したかおりさんの場合はキャリアアップ重視だ。第2章で登場した薬剤師の優子さん、ＩＴ企業で働く奈津美さんも同様である。彼女らは扶養を外れることは想定内である。よりよい仕事をして、より高い収入を得たいと考えている。ここに家計補助重視の女性とのモチベーションの違い、結婚観の違いがある。

現代でも「働いても夫の扶養から外れたくない」「扶養されていたい」と考える女性は少なくない。彼女たちは「最優先するのは家族」と考え、賃金労働より主婦役割を重視している。その場合問題になるのが「年収の壁」である。

「年収の壁」とは具体的にどのようなものなのだろうか。

パートタイマーや派遣労働で働いたことのある女性のほとんどはご存知だろうが、簡単に概要を押さえておきたい。

会社員や公務員の扶養に入る配偶者（多くは妻）がパートなどで働く場合、一定以上の年収があると社会保険料や所得税の優遇が小さくなる。一定以上の年収によって扶養から外れ、自分の社会保険料や税を払わなければならなくなる。その年収の額が「年収の壁」と呼ばれる金額である。

「年収の壁」にはいくつかの段階がある。

「一〇三万円の壁」は、妻である配偶者に所得税が課せられず、年金、健康保険の保険料も支払わなくてよい。年収が一〇三万円を超えるとこれら税と保険料を支払うことになり、手取り収入が減る。

「一〇六万円の壁」は、妻の会社の規模が一定以上の場合や労働時間が週二〇時間以上などいくつかの条件に当てはまる場合、年収が一〇六万円を超えると健康保険に入らなければならなくなる。

「一三〇万円の壁」は、年収が一三〇万円を超えると所得税、健康保険、年金の保険料を払わなければならなくなる。

扶養の範囲内で働きたいのなら、年収は一〇三万円までに抑えることが必要だ。所得税も社会保険料も払わなくてよいからだ。この額に抑えるため年末や夏休みなどに働く時間を減らす時間調整はよく行われることである。パートの時給が上がると年収も上がるから、労働時間を減らすなどの働き控えをする。

どうせ稼ぐなら「年収の壁」を気にせず、しっかり稼ぎたい、夫に扶養してもらわず生きていきたいというのが優子さんや奈津美さん、そしてかおりさんだ。しっかり稼ぐことで、社会保険や厚生年金というメリットも得られる。

「年収の壁」は壊したほうがいい

ではなぜ「年収の壁」は設けられたのか、設けられなければならなかったのだろうか？

配偶者（夫）に扶養される妻を第3号被保険者という。この制度ができたのは一九八六年のことだ。制度ができた理由は専業主婦の福祉のため、つまり妻が無年金者になるのを防ぐためだった。

社会保障の原則は「負担と給付」、つまり保険料を支払ったらそれに応じた給付を受け取れる、というものだ。だが、第3号被保険者は保険料を納めてこなかった。なのに、給付が受けられる。これは先の原則と矛盾する。社会保障の原則「負担と給付」を逸脱しているからだ。ここに第3号被保険者の問題、社会保障の問題がある。そして主婦を福祉の対象とみていることも問題である。

第3号被保険者を福祉の対象とみなすと、ここに該当する人は税や社会保障の保険料を払わなくても老齢年金が給付される。お金というものはどこかで誰かが負担しなければ、タダで給付だけ受けられることはない。ではそのお金はどこから出るのだろうか？　それは第2号被保険者（会社員や公務員など職場の厚生年金や共済組合に加入している人たち）からだ。保険料は事業主と被保険者が折半で給料から天引きされ、納付している。第2号被保険者にはシングルの男女、共稼ぎの男女も入る。露骨にいえばシングルや共稼ぎの第2号被保険者から、第3号被保険者は労働しないで年金などを受けとれる仕組みである。

だが、一方でこうも言われる。

女性は国家発展のために子を産み、育て、夫の再生産労働のために食事やら洗濯やらの家事をする。これは間接的に国家に人材、能力、エネルギーをタダで提供していることになる。この貢献に対する国家からのご褒美が配偶者優遇制度である。だから不公平ではない、という意見だ。第3号被保険者制度は、片働き世帯＝専業主婦（一〇三万以下の年収の人を含めた）を優遇する制度になっている。この制度はフリーライダー（年金などの保険料を払わないのに、遺族年金はもらえるというタダ乗りのこと）を生むとして見直しが議論されている。見直しとは「年収の壁」を壊し、女性の給料に税や社会保険料に反映させることだ。ベルリンの壁を市民がツルハシやトンカチで、寄ってたかってぶっ壊したように、「年収の壁」も壊せばいいということだ。

「でも、年収の壁を壊すにはどうしたらいいですか？」という質問が必ず出るだろう。

答えはそれほど難しくない。

結婚しようがしまいが、子どもが生まれようが生まれまいが、女性が自分で自分の年金の保険料を払い、健康保険料も払い、所得税も払う。それらを払っても手元にくらせるだけのお金が残るくらいまで稼げばよいのである。しかしいまだに、同じ条件で働いても女性は男性より給料、待遇が悪いことが多い。あれほど働いてもこれっぽっちの給料というのはおかしい、という場合がある。これに対してとれる手段としては、労働組合を作って経営者と交渉することがある。これは労働組合法で国家が許可している合法的手段である（梶原公子『コミュニティユニオン　沈黙する労働者とほくそ笑む企業』二〇二一　あっぷる出版社）。

働けない場合は、福祉制度の充実を要求する。口はばったい言い方だが、納税は国民の義務である。「その義務を女性もちゃんと果たせるシステムにしてください。わたしたちはれっきとした大人であり、労働し稼ぎたいのだから」と提案、要求をすればよいのである。反論を覚悟で言えば、専業主婦なる役割をなくせばいいのである。

なぜそうならないのだろうか。

もちろん女性がこれらの要求をしてこなかったためではある。この問題は後に触れることにしたい。

「年収の壁」をいつまでも建たせっ放しにしておくのは、「壁」によって得する人がいるからにほかならない。女性を家庭内にしばりつけ、何もかもが整った居心地のよいところに居座りたい人がいるからである。そのためには女性が外に出て行くのを防ぎたい。防ぐためには女性の経済的自立を阻めばよいのである。女性が経済的に自立してしまったら、家から簡単に出て行ってしまう。出て行かないように「結婚は幸せ」とセットに「年収の壁」を設けることを考えついたのである。

妻が家から出て行ってしまったら夫は、そして男社会は大変だ。女性が良妻賢母を捨てて「男による女の支配」、つまり家父長制を永らえさせられなくなる。良妻賢母規範を重んじるのは鉄則だ。女性を優遇すると見せかけて、女性を家事、育児に専念させればよい。結婚すれば夫に養ってもらえて幸せになれる、という「夢」を与えればよい。ただし、女性の経済的自立を奪うこのシステムを見破られないようにすることが大事である。家父長制と良妻賢母は実に相性がいいのである。

それでも「年収の壁」は壊せない？

「年収の壁」は頑強である。国家という大きな権力によって支えられているからだ。女性を家庭にしばりつけたい国家は、自らの延命のために「年収の壁」をつくった。いかにしたら女性という美しく、賢く、狡猾でずるい、そして愛すべき存在を国家繁栄のために貢献させることができるか？　そのために彼女らをどのように扱えばよいのか、周到に考えている。

権力は「良妻賢母は美徳」という美名をかぶせた。かぶせることで女性を従順と従属に満足する存在に仕立てたのである。夫婦は対等なのだという法律を隠し、扶養／被扶養という関係を持ち込むことによって、夫が上から目線になるという現実も隠す。結婚したら配偶者（夫）が妻を扶養してくれる。だから妻はなに不自由なくこぎれいなキッチンでシチューでもつくって夫の帰りを待てばよい。夫はいつまでも若くたくましく、病気にならず、会社をクビにならず、妻を愛し続けてくれる。夫はお金を稼ぐことと引き換えに、家事、育児をしてくれる美しい妻を誇りに思う。

権力は「生む機械」としての母性をほめたたえる。家庭の主人公は女性だ、と持ち上げる。

権力は幸せな「夢」を国民に与えてくれるものだと、大いにアピールする。女性の泣き所をよくわきまえている。その一方で女性が家事、育児専従に満足していれば、外に出て稼ぐ時間がなくなるし、賃金を男性よりも低くしても問題にしない。それどころか新卒、新規採用、同学歴であっても、女性の基本給を低くするのは当たり前と思わせる。男女雇用機会均等法で設けられた総合職にしても、あれから四〇年を経た現在、ほぼ全員が男性という企業がある。このことを論理的に説明できなくても構わない。単に女性の稼ぎを低くしたいがためなのだから、理路整然とした説明などは不要である。権力とは自己保身のためなら、女性を侮り、なりふり構わずどのような措置にでも打って出るものである。結果、それでも食い下がって、女性の賃金を低くするという差別にかみつく労働組合はあるだろうか。女性自身もそれを問題視しなくなる。「女の給料が低いのはこの国では空気のように当たり前」だと。

日本は「男女格差」が世界的に問題になるほど大きい。それなのに「年収の壁」が女性の自立を遮っている。一方、女性の多くが高学歴とキャリアアップのために努力し、成果を上げている。それなのに男女格差は大きい。この現実を女性自身、知らないことが「年収の壁」を温存させる。

「年収の壁」を壊すことはワンオペ女性の根幹にある問題にかかわっている。この問題をどう乗り越えたらよいのだろうか？　ワンオペのトンネルに入った女性はいま、その袋小路ともいうべき仕事と家庭とに押しつぶされそうなのである。この問題に対する具体的解消法を探っていくのが以降の課題である。

「おとなしい女」考

良妻賢母な女性は従順で夫に従属する存在だ。だから「おとなしい女」といってよいだろう。自立心、独立心に欠ける女といえるかもしれない。近代的合理主義やヒューマニズムに反し、フェミニズムからも縁遠い存在だ。私はずっとそう思い続けてきた。両性は平等であるべきで、「おとなしい女」は現代思想から逸脱しているとも思っていた。

本書を執筆するにあたってワンオペ女性に聞き取り調査をしながら、いや、そうとばかりはいえないのではないか、果たして真の両性の平等はあり得るのだろうか？　あり得たとしてそれは男女ともに幸福をもたらすだろうか、という疑問を抱くようになった。つまりこれまで「すべてにおいて平等であるべき」と主張してきたことは、かなり偏った考えではなかったかと思うようになったのである。なぜそのような思いにいたったのか？　それを率直に、そしてわかりやすく説明するのは難しい。だが記しておきたい。

「おとなしい女」は心立てが優しく、相手の言うなりにならないと生きていけない。結婚によって生活の保障を得る女でもある。彼女は夫を捨ててもどこにも行きようがない。苦労を知っていればいるほど、このような性格に育つ可能性は高い。彼女は自分を犠牲にして、苦しむ者に救いの手を貸す女でもある。だが、よくよく考えなおすと「おとなしい女」の心根は、近代合理主義や男女平等思想に反する、あるいは二項対立をなすものではないのではないだろうか。それどころか良妻賢母の規格にも当てはまらないように思われる。なぜなら彼女はおとなしくはあるが、夫を理解していないし、理解しようともしない。むしろ「もう夫と一緒に暮らすのがつらい」と、本心では思っている。つまり家父長制に心の中でたてついている女である。

「おとなしい女」は現代にもそれ以前にも存在していた。彼女たちの存在は良妻賢母という教育思想に基づいて一定の規格を作り、その規格に当てはまるように教育された結果ではない。このような規格を国家がつくったとしても、それに当てはまるふりをして実際は従わない、うわべだけ従順を装っている。それが人間精神の複雑さというものだ。

思うに一方の夫は驕慢で気位の高い人が多い。なによりも妻から尊敬されること、それが堅固な幸福をつくるものだと固く信じている。妻を支配しつつ、執着し、そのことに愛情を感じている。妻には絶対に打ち明けないが、彼女のためにお金を使いたい、妻から感謝されたいと切に望んでいる。だが、実際に彼女の前に立つと威張りたい、威張ることで劣等感を隠したいのである。妻はその劣等感に対して「あなたはこの世界ではほんの芥子粒ほどの存在でしかないのよ」というようなそぶりをすることができる。妻のこの一言は夫の感情を破綻させることすらある。

このような夫婦関係に平等は通用するのだろうか？

ひるがえって考えるに、男女平等の結果、本当に女性の地位は上がるのだろうか？

確かに女性も、能力、学歴、収入によって男性と伍して働ける存在になれるだろう。だが、結局のところその能力やエネルギーは、国家のために必要な人材として労働力を提供するだけである。だとしたらいま中産階級の大卒男子がもっている特権意識を、女性がそのまま身につけるだけなのではないだろうか。平等な関係を求めることはどうやら「真」の平等とは相いれないように思われるのだ。

現代は科学と理性一辺倒の時代で、実証主義流行りである。実証できないことは真実とはいえない。そのような時代に「おとなしい女」のもつ心根、言動はどう考えても非合理である。しかし、聞き取りをしていて「光」だと思えたのは、彼女たちが非合理な言葉をもち、非合理な生き方であっても、それに満足している点であった。これをどのように解釈し、説明したらよいのか戸惑うところだ。だが、私が見た「光」には、人間性の真の不思議ともいうべきものを強く感じるのである。

第7章　女性の資質と責任

ワンオペは「よい思い出」

今回、聞き取りをした女性は、ワンオペについて異口同音に否定的な思いを語った。かつて私がワンオペだったことを思い起こせば同感だ。だが、改めてこの問題と向き合っているなかで、私は、実はワンオペとはよいものではないか、と思うようになった。経験している最中は逃げ出したかったワンオペが、嵐が過ぎ去ってずいぶんたったいま、「よい思い出」なのである。

なぜだろう？

その答えの一つが聞き取りをした女性たちの生き方そのものの中にあった。

第2章の優子さんは、薬学部に入るため一浪している。薬剤師になってからも、自分が望む職場を探し、次々に生まれる新薬の勉強を欠かさず続けている。このことは収入アップにつながった。彼女は実母と同居し、結婚相手を「婿」として迎え、二児の母になった。くらしの切り盛りをしつつ、趣味の水泳も楽しんでいる。

奈津美さんは工学部を卒業ののち、ＩＴ企業で専門職として働いている。彼女より年収の多い夫から「仕事のレベルが自分より劣る」と言われた。だが、そう言われることそのものが、夫と同等の仕事ができるからこそなのだ。モラハラともいえる夫のこの発言は彼女に相当なストレスを与えているに違いない。それでもなお、まだ手のかかる男の子三人の世話のほとんどすべてをこなしている。買い物、食事作り、洗濯、掃除が、彼女の双肩にかかっている。

第3章のかおりさんは、時間給の非正規雇用からスタートした。絶え間ない転職と努力(と私は受け止めた)によってスキルアップし、夫の扶養から外れた。ブラックともとれる夫の仕事から、家事全般は彼女がすべてこなしている。

第4章の晶子さんは、当初から自分の専門分野を定め、どのような仕事ができるのか、どのような働き方であれば年収アップし、子育てにも有利になるかを一貫して探求し続けている。仕事と家事、育児の両立の難しさを感じつつも「女性も自立した稼ぎが必要」という思いをずっと掲げている。

第5章のマリコさんは看護師だ。同時に女性支援活動、ことに産後ケアについての活動を続けている。家計を担いつつ、子育てを楽しみ、家事全般をこなしている。

彼女たちの日常を眺めて感じることがある。日常生活が手一杯なのに、それを楽しみながら家事育児をこなしている姿が、何とも頼もしいのだ。「ワンオペにメリットはない」と言いつつ、彼女たちの姿は潔く清々しい。

一人五役をこなす

性別分業に沿って「男は仕事、女は家庭」であったら、夫婦といえどもそれぞれのテリトリーを守り、その中でくらすものだ。夫婦の活動、仕事はお互いの領域を侵さず、乗り越えず、うまくまわしていく。だが、ワンオペ女性にはこのようなテリトリーとか領域は存在しない。一人の人間が様々な分野を総合的に担うのである。彼女たちの生活の基本は賃金労働である。一方で、それと同じくらいのエネルギーを家事育児にそそぐ。かなりきつい毎日だ。私と同年代のかつてのワンオペ仲間の多くは、これに加えてフェミニズム、教育問題などの市民運動をしてきた。私も同様だったが、どうやってその時間をひねり出していたのか、今となっては思い出せない。

本書で聞き取りをした女性たちも趣味に興じ、仕事につながる社会活動をしている。これらの活動はほとんど余暇、余技である。賃金労働のほか、保育者、料理人、家計のやりくり、時には電気器具の修理人など一人五役を超える仕事、活動をしている。結果として彼女たちはある能力を獲得するようになる。その能力とは家族という社会の最小単位を守り、維持発展させるための優れたマネジメント能力である。

一つの家庭、家族には労働、教育、保健福祉、財政、経営など、小さな社会に必要ないくつもの機能が備わっていなくてはならない。国家は教育や福祉などを簡単に切り捨て「小さな政府」をつくることができる。だが、家庭の基本はいわゆる「大きな政府」だ。子どもを育てること、家族の健康に留意することを家庭から切り捨てたら大変なことになる。これら様々なセクションがうまくまわっているかどうか、常に目配りを怠らないマネジメント能力が求められる。ワンオペをこなす中でこの能力が培われ熟練していく。

このような能力を手に入れたワンオペ女性の力を、社会で利用することを考えてよいのではないだろうか。たとえば、ワンオペを一〇年以上経験した人を優先的に市議会や県議会の議員候補にしてはどうだろう。行政には他分野の能力と知識が要求される。たとえ主婦であっても、社会的地位や賃金を得ていなくても、家事、育児のなかでマネジメント能力が培われている。これらの経験を経た者が地方議会運営の主導的立場に立つなら、議事の進め方、市民への目配りは変わってくるかもしれない。

この空想ともいえる発想を踏まえて、ワンオペ真っ最中の彼女たちに、こう言いたいと思う。

「ワンオペはあなたに別の力、マネジメント能力をつける方法なのですよ。一生涯賃金労働しかしてこなかった男性（夫）が、定年後急に料理をしたり、洗濯をしたり、買い物しながら家計のやりくりをしたりする、それは困難なことではありませんか？　ところがあなたには、物事を広く見渡し、子どもに、夫に、あるいは社会に必要なことは何かを瞬時に見分け、実行する力がすでに備わっていると思います。いまはきついかもしれないけれど、明けない夜はありません。苦しさ、苦悩は、安穏としたくらしよりも、人を支える力をもたらすものです。夜が明けたあと、きっとあなたの視野が開け、これまでにない力が付いたことを実感するはずです」

自己の内部にある衝動

以上は私が感じたワンオペのよさだ。こういった発想をいまの政治家に求めるのは無理かもしれない。だが、空想するのは自由だ。平均寿命が延びた今日、一つ以上の仕事をする時間は十分にある。一つの仕事に一生を捧げることはもちろん素晴らしいが、多分野の経験もしたほうが得られる感覚、感情、能力は大きい。2＋2は4ではなく、それ以上の力になるに違いない。政治家や閣僚になる人も、いろいろな部署や役割を経験した後に政治にかかわる。それからでも決して遅くないと思う。

「そうはいってもねえ、そんな仕組みを実行はできないでしょう」と多くの方は言うかもしれない。また「そんなこと考えるよりもいまの、この現実が大変なのよ。この理不尽な現実が」という切実な声も聞こえる。「ジェンダー平等という言葉は飽きるほど聞くのに、現実は少しも動かない」とも。

この現実をあなたはどのように考えるだろうか? どこかが間違っているから社会は一向に変わらない、と考える方はおられるのではないだろうか。

もちろん日本でも「ジェンダー平等」を目指し多くの取り組みがなされてきた。新たな「男女平等社会を目指すため」の省庁や法律をつくったり、政府が基本案を出したりしてきた。だがそれらはさっぱり功を奏したように感じられず、実績を上げられないまま空理空論に終わっている。日本は女性差別では先進国中最低に位置する。二〇二四年一〇月、日本政府は国連の女性差別撤廃委員会から勧告を受けた(夫婦同姓、女性の皇族問題、女性議員の少なさなどで)。国連から「結婚に伴って九八%もの女性が改姓することそのものが女性差別である」と判定されている。だが、そのような勧告や判定を受けたからといって、日本社会はそれを変えるための実効力の伴った具体策をもたない。相変わらず選択的夫婦別姓を認めず、多くの女性が姓を変えている。「これまでそうしてきたのだから支障はないだろう」という、根拠なき肯定論で家父長制を守ろうとしている。男女平等社会をめざす、という法律は、結局は「案」にすぎない。

一方、ワンオペで苦しんでいる女性の多くは「どうにもならない」「解決のしようがない」「仕方がない」と無力感を抱き、諦めているように思われる。しかし諦めてしまったら、当事者であるワンオペ女性が政府の空理空論に加担することになってしまう。

ワンオペは社会の問題であると同時に個人の問題である。社会でどのような取り組みをすればよいか考えると同時に、個人の問題として捉え、考えなければ、生きた人間の心、感情を大事にしているとはいえない。女性自身も差別社会で生きているうちの一人として、「諦めること」が社会問題への無関心につながってしまう。「何も考えないことは無関心なのだ」という自覚をもつ必要がある。女性自身も女性差別者の一人だという実感をもつこと、それがこの問題を考える出発点ではないだろうか。出発点に立つためには、次のような怒りや衝動があるかどうか、自問自答をするのだ。

「こんな社会はイヤだ」「このような毎日はたまらない」「こんな状態の社会で生きていくのは我慢できない」

実際、右記のような感情をもつワンオペ女性は多いのではないだろうか。何事につけ、社会変革は生きた人間の感情、衝動からはじまる。「仕方がない」と諦めるのと、「我慢できない」という立場に立つのとでは、結果は大きく異なってくるのではないだろうか。

相手の心にズブズブと入る

ジェンダーギャップ指数先進国中最低の状況を「何とかしなければ」と、コトを起こすその機はすでに熟しすぎている。社会を変えるために必要なのは、繰り返しになるが、客観的思想やイデオロギーではなく、人の衝動、感情である。それによって社会は動き、変わっていく。社会行動として動くのは難しくても、自分の衝動、感情、一人の個人としての気持ち、思い、精神をもつことは誰にでもできる。そういった思いの大きさ、エネルギーの熱さ、それらが結集していくことによってこそ、社会は動くのだと思う。

個人が、自分の内面に抱える苦悩や恨み、つらみを直視し、確認することからコトははじまる。親しい友人をつくり、心を割ってそれについて話し合うことも必要だろう。ある人に自分の思いを、相手の心の中にズブズブと沈んでいくまで話す。うわべだけの話にしないで相手の心の中に沈潜し、より深まるところまで働きかける。そのレベルまで話し合うことはなかなかできないかもしれない。しかし試してみる価値はある。このような話は男性より女性同士のほうがしやすいものである。

大人になると多くの場合、忙しさと世事にかまけなかなか自分の本心、ましてや親しい友人の深いところにある気持ちに迫るまで話をする機会がない。だが、個人的関係のレベルで自分の思いを相手の思いと重ね、共通な社会的関心のもとに潜入していくことなら、大きな社会変革など企てなくてもできることが見つかっていくだろう。その結果、自分も相手も一緒に少しずつ変わっていける。どのようなことが問題としてあるのか、どうしてうまくいかないのかを分かち合い、話し合うことで、新しい可能性を見出すことができるのではないだろうか。そうすればワンオペに対する無力感は遠のいていくのではないだろうか。

個人の時代

団塊世代、それより年上の女性たちにはフェミニズム運動など市民運動にかかわってきた人が多い。ウーマン・リブのリーダー、田中美津さんが二〇二四年夏に亡くなられた。八一歳だった。彼女がけん引した運動は衝撃的だったし、実効力もあった。だが、その後四〇年を経て、あのころ盛んだったフェミニズム運動も、労働運動も、教育問題にかかわる運動も停滞している。教育も労働も社会も四〇年前と比べものにならないほど、複雑で多様で深刻化しているのに、である。あのころ三〇代だった人がそのまま四〇年歳をとって、組織がそれだけ高齢化してきたという理由もある。二一世紀になり社会が大きく変わり、あのころの市民運動のやり方が若者にマッチしなくなったのもまた明らかだ。

四〇年前、同世代の多くはすでに「連帯」している組織、例えば日教組、高教組、国鉄労働組合などに入り、その組織の一員として闘うことができた。自己を捨てて組織に連なり、連帯することで個人を取り戻すことができた。組織の考え方が本当に自分の考え方と一致しているのかどうかなどを確かめる間もなく、その手段すらないままに「これこそが正しい、自分の思いなのだと」と信じ込み、運動にかかわっていった。

いま、市民運動は流行らなくなっている。しかし、それと反比例するように市民運動、社会運動の重要性は増している。「若者がダメになった」と年配者は言う。しかし、果たしてそうなのだろうか。これまでのやり方が、四〇代以下の若者の関心とズレが生じているのではないだろうか。足早に過ぎていったこの四〇年という時間の中で、若者の考え方は私たちの世代とは異なってきている。彼ら彼女らが生きていくうえで無視できない社会にかかわる深刻な問題、例えば反戦平和や環境問題などに振り向く若者が少なくないのもまた事実だ。

現代は個人の時代である。連帯よりもまず自分という個人を重視する時代といってよい。あなたという人間がどのような思いを抱いているか考え、その考えを大事にすることが優先される時代だ。組織に入っていくという受け身ではなく、自分はどうしたいのか、何に怒り何に躓いているのかを明らかにし、そのうえで社会に能動的に働きかけていく時代である。科学的に「正しい」と証明された人間観ではなく、主観的に物事を考え、それを武器にしていく。この方法なら若者は受け入れるに違いない。個人を主体としたやり方が今の若者にマッチしているのだ。

理不尽に抵抗する

社会の在り方も社会の原理も、真理は一つではない。今「おかしい」と思うことも、一〇〇年前は常識だったかもしれない。だからいま「真理」といえるのは何か、ひたすら探すことが必要なのだ。そのような姿勢が、理不尽な事態に立ち向かう姿勢を支えてくれる。

理不尽な事態に立ち向かうためには、お金を使わなくてもいい。他人との協調性がなくてもいい。ただ、無気力や無力感に陥りたくない、という衝動が自分の中にあればそれが大きなモチベーションになる。「これはおかしいよね」という思いに忠実になり、異議申し立てをし、おかしな事態に抵抗することである。

「男女雇用均等法がありながら、なぜ今もって男女の賃金差別をするのか、おかしいではないか、理不尽である」と思う方がおられるだろう。その怒りと衝動が出発点になる。「経済を握る者がこの社会で最も力をもち、発言力をもつ世の中はおかしいではないか」という怒りもあるだろう。「家庭内でも経済の力にすべてが収斂していく。稼ぐ人が偉い」という風潮に違和感を抱く人もいるだろう。「経済力をつけたかったら、あなたも働いてお金を稼げばいいでしょう」という意見を当たり前とする社会も腹立たしい。経済につながらないもの、稼がない者は排除される。「そういう社会はおかしいじゃないか、差別を生むもとになっているじゃないか」という衝動に突き動かされることが大切なのだ。

次に必要なのは、そうではない社会にするため考えられることは何か、その方法を探すことである。

ワンオペ女性は、理不尽を運命と受け入れるのではなく、その事態に立ち向かう力をもつ、そういう存在になりうると思う。社会への異議申し立ては、社会的低位にいる女性のほうが鋭く感知し、権威に逆らう力をもちやすいからである。

そういう思索と実行の時代がすでに来ているように思われる。

現代教育の間違い

長年女子高生と付き合ってきて、いまさらながら感動することがある。彼女らハイティーンの女子の力、パワーに、である。何に対するパワーかといえば、例えば彼氏へのアプローチの熱心さ、さらに妊娠、出産に立ち向かうパワーである。もちろん実際に生んだ生徒に出会ったわけではないが、その直前までの話は枚挙にいとまがない（梶原公子『男社会をぶっとばせ　反学校文化を生きた女子高生たち』二〇二三　あっぷる出版社）。

そういった経験を通してつくづく思うことがある。

現代教育とは女性の自然な生理を無視するどころか虐げてすらいる、と。

一〇代後半、それに続く二〇代前半は、一生のうちで体力がいちばんある時だ。大学に行くという選択肢をもたなかったあのころの彼女らは、その有り余る体力を彼氏とのつき合いやオシャレ、バイトにぶつけてきた。そこで彼女らは結婚への夢を大きく膨らませた。彼氏への思いも大きいが、それよりもこれから築く家庭、生まれてくる子どもへの期待が大きいように思われた。これは人類にとって基本的で最も妥当な欲求だ。頭でっかちな私は、彼女らのものすごい欲求にたじたじとなった。その一方で、思い通りに突っ走る彼女らがうらやましくもあった。

そのハイティーンという大事な時間に、私は彼氏を作るでもなく、ただ大学に行きたい一念で受験勉強に明け暮れていた。それをいまさら全否定するものではない。しかし、もう一度人生を送ることができるならば、私は受験勉強などしないで彼女らとともに「女」をやっていきたいと思う。

ではなぜ、現代教育は女性の生理を虐げているといえるのか、その問題を考えたい。

当たり前の話だが、女性は本来子どもを生むようにつくられている。その最適な年齢は一〇代最後から二〇代初めにかけてである。彼女たちはその本能に従って（と、私は感じた）あんなに熱心に彼氏探しをした。それは理にかなった行動だった。この年代はとにかく細胞が若い。妊娠していても身体的負担は驚くほど小さく、出産や子育てのエネルギーに満ちている。ということは、一〇代後半から二〇代初めにかけてどのような人生を送るのが「幸せ」なのか、改めて考える必要があるということだ。

「個性を伸ばす」「自分に合った生き方を探す」「自分の能力を発見する」というキャッチフレーズのもと、いま、高校生の多くはこれらに沿った「生き方探し」をするよう仕向けられる。高校の多くはその予備校と化している。予備校化した高校は、大学にそれらを探し出したと思われる生徒を送り出す機関である。これが高校生にとっても、社会にとっても重大な任務になっている。だが、受験勉強中心の高校教育には、一〇代後半の若者が学ぶにはあまりにも偏った知識の詰め込みという弊害がある。

例えば高校一年の時から大学入試の試験科目を選ばせ、「社会」で「世界史」を入試科目として選んだら、「世界史」だけを三年間修得科目にする、というやり方がある。「政治・経済」「地理」「日本史」「倫理・社会」などは見る影もなくなる。フランスの高校は哲学を必修にしていると聞くが、「哲学」など入る余地もない。

こうして大学に入った後、彼らにとっての次の重大事は就職先を探す作業、「就活」である。思うに、この活動は彼らの人生にとってほんとうに不可欠なのだろうか？　就活に用いるエネルギーと時間は膨大である。就職すると次は「仕事」に熱意を燃やす。受験勉強、就活、就職、この間およそ一〇数年。気がつけば三〇歳を目前にし、キャリアを積みたいと思う時期になる。キャリア形成にさらに数年を費やし、三〇代半ばを迎える。女性にとってこの年齢は、高齢出産といわれる境目である。彼女たちはギリギリの選択の結果、晩婚、晩産をし、ここで産休、育休を取る人も多く、結果、キャリアは中断される。

現代教育のこの揺るがない制度に乗り、子どもを生むのに適した時期は受験勉強、就活、キャリア形成のために費やされる。高齢出産にはリスクが伴うし、四〇歳を超えての子育ては体力的にきつくなる。女性の自然な生理に逆らっているからである。仕事と子育ての両立を断念し、生まない決断をする女性もいる。これは女性の自然体に対する虐待ではないだろうか。

自然に逆らわない生き方はできるのか

現代教育のあり方は、女性が何かを断念しない限り自然な生理に沿った妊娠、出産ができないシステムになっている。大変理不尽なことである。これを回避する方法はあるのだろうか？

いくつかの思い込みや踏襲してきた慣習をやめる、改められるなら、その方法は考えられる。

一つには高卒後、受験勉強を経て高等教育に行く、というシステムを見直すことである。高校→大学→大学院とつながるシステム、慣習をいったんやめてみるのである。高校卒業後すぐに大学に行かず、半年から数年これから先の生き方を考える時間に充てる。高校卒業時に、一度立ち止まる期間を一定程度設ける。そこに数カ月から数年のブランクを用意する。半年なり三年なりの時間、自分は本当に大学に行きたいのか、すぐに現場で働きたいのか、世界旅行をしたいのか、何もせずにゆっくり過ごしてみたいのか考えるのである。また、大学は選抜制ではなく、大学に行って学ぶだけの学力があるかどうかを精査する試験と位置付けることも必要だろう。フランスの国民教育省が管理するバカロレアは高等学校教育の修了を認証する国家試験だが、大学入学資格試験でもある。

こうすると、新卒一括採用の就職形態を考え直すことにもなる。二二歳の時点でもう一度人生設計を考える期間を設けるのである。この先大学院に行きたいのか、就職はどのようにしたいのか、大学卒業後すぐに大学院に行かず、社会人を経て大学院に行くのか。いまの大学院は、いったん社会に出たのち学びなおしたいという人、外国人、そして学部からすぐに来た人と多様になっている。だから学びの幅も奥行きも深い。

教育と並行して男女（ＬＧＢＴも）でカップルになってくらしを共にしつつ学ぶスタイルを取り入れたいと考える人もいる。この場合、もちろん夫婦別姓を前提にしなければならないだろう。高校卒業後、何年にもわたって異性やパートナーと共にくらすための教育プログラムも必要だ。パートナーとの関係のもち方、どのように生活を共にするか、具体的に学ぶシステムの導入も必須である。二〇歳をすぎたら、カップルのどちらかが働き、どちらかが学業に就く。何年か後にその役割をチェンジし、それぞれが生活を支えあう仕組みがあってもいい。どちらか一方だけが働くライフスタイルは、ほんとうは料理をしたい、洗濯や掃除をしたいなど、基本的なくらし方を学びたい気持ちと時間を奪うことになるからだ。

さらに関係が深まったら、自分たちはいつどのようなライフイベントをもつか（いつ結婚し、いつ何人子どもをもち、どのように働くか）を、話し合う中で決めていく。科学、医学が発達した時代には、女性はそういった知識を学び、自分の身体に対する自治をもつことが重要である。

これらは変革というほどのものでなく、これまで誰もが当たり前にしてきたライフコースをより多様化させ、人生における選択を自由にするものである。ライフイベントや生活スタイルをカップル相互で決めていく、これによって女性は子どもを生みやすくなる。また、二〇代初めに生む可能性が増すことによって、出産と子育てが自然に近づき、身体的にも楽になるだろう。

「安っぽい幸せ」と「不幸だが自由」

何人ものワンオペ女性の話を聞いて痛感したのは、彼女たちは日々、心身苦労を感じ、押しつぶされそうになっているにもかかわらず、話す言葉のうちに精神的な、メンタルな部分で自由をもち続けていることである。ここでいう自由には、放縦、好きなようにふるまう、欲しいものを得る権利も含まれる。また幸福とは一般的な利益、富、そして平穏なくらしである。さらに、社会生活の上で真理というものは一つではないから、どちらかを選べばよいという単純な二者択一にはならないことを前提に、以下のことを述べたい。

近年、誰しもが自由と幸福を追い求めるようになった。しかし、自由と幸福は必ずしも同居できない。放縦で好きなようにふるまえば、タガが外れ、自由とはいえなくなることがある。このようなとき、女性にタガをはめているのが「良妻賢母」という社会規範であった。「良妻賢母」は夫に尽くす見返りに扶養されるという構造に乗っかることで、生活の安定と幸福を保つということだ。しかし、夫に扶養される限り、物理的自由はもちろん「意志の自由」をもつことは難しい。自分で稼がず、夫に経済的に頼る社会構造に気づかず、あるいは気づいたとしても、夫と妻が扶養、被扶養の関係にあること。それが日本の社会保障の根幹にある。この社会構造は、もうずっと以前から根幹が揺らいでいる。

この社会構造の中で幸福を感じたいのなら、自由、ことに「意志の自由」を放棄して扶養され、生活の安定を望むのもまた当たり前のことだろう。人間は生活の安定のためなら、すすんで自由を放棄するからだ。これを「不自由で安っぽい幸福」と呼びたい。苦悩のないところに「本当」の幸せを感じるのは至難の業であり、苦悩があるからこそ「真」の幸せもあるからだ。

この点ワンオペ女性は、身体的、物理的に束縛が大きい点で自由は少ない。日々時間に追われ、体力に限界と苦痛を抱えている。だが、彼女たちには「意志の自由」「欲望の自由」「自分の生き方を尊重する自由」がある。不自由で安っぽい幸福は「精神の自由」を保障しないとことに気づいている。つらくてきつい日々、そのくらしによって「真」の自由が得られることにも気づいている。彼女たちが精神的自由のために苦悩や苦痛を甘んじて受けるのには理由がある。そこには価値があるからだ。

どうして彼女らは「意志の自由」「欲望の自由」をもつことができるのだろうか？　その

根底に「自分は稼げる、稼ぐ力を持っている」という自負があるからだ。稼げる力は無力感、無気力に陥らず、理不尽な事態に立ち向かう力を備蓄する。備蓄された力があれば権威や理不尽な事態に抵抗できる。これを「高められた苦悩」と呼びたい。つらいことが多いが、本当は自由であり、自由ではあるが苦悩が多いのである。

ワンオペ女性の自由について思うことがある。「意志の自由」は彼女らに苦悩や苦難をもたらす。だが、彼女らの窮状を訴える言葉が切実であればあるほど、苦難がもたらす幸福、つまり「高められた苦悩」を強く感じるのだ。そう考えれば、ワンオペはけっして悪いものではない、それどころかこれからの社会にとって誰もができる、価値のあるものであると、私は確信している。

終章　自立と犠牲

終章で紹介するのは、法子さん（七三歳）。彼女は初対面の時、自己紹介でこう言った。「私は道路に大きな石があっても、避けて通る人間ではないんです」〈ということは、その石をぶっとばすか、穴をあけて通るということなのか?〉

彼女は短大を卒業後、大手生命保険会社に就職した。四年制大に進学しなかったのは「行き遅れるから」だという。就職して一年後の二一歳で結婚。「気が合うし、頭がよい人だと思ったから」。二三歳で双子を、二五歳で長女を出産し、三児の母になった。当時、育児休業はあったが取得する人はおらず、子どもを生んだら辞めるというのが慣例だった。だが彼女は産前産後休暇を六〇日取っただけで復職した。子どもができたのち、実家に入り夫は養子縁組をして、婿さんになってもらった。しかし、彼は彼女の予想に反した人だった。

「婿というのは家に家長が二人いるようなもので、父とうまくいかなかった。そのうえ酒を飲んで運転したり、休みが不定休だったり、子どもの面倒をみないばかりか家事もほとんどしない人だった。それで養子縁組を解いた。つまり結婚をやめた。二七歳でした。愛は永遠じゃないことがよくわかった。離婚で先行きが不安になったから会社は辞めなかった」

当時、保険会社や銀行はそろばんの時代。彼女は三九年と四か月にわたってその会社に勤務した。一九八〇年代に会社にパソコンが導入された。エクセル、ワードができないのでイジメにあった。「パワハラだから労基署に訴えたら」と言われたこともある。朝は六時五九分発の電車に乗り出勤する毎日をずっと続けた。子どもの生活があるし、働けばお金がもらえる。仕事は楽しくはなかったが、仕事をしていればつらさを忘れることができた。飲み歩いて憂さを晴らすこともあった。

「私はワンオペだったと思う。一人働きなので金銭的には大変だった。離婚が少ない時代のシングルマザーだったから、子どもに何かあると〝片親だから〟と後ろ指をさされた。賃金の男女格差もあった。母親役と父親役の両方をやってきた。雇用均等法ができたっていうけれど、支社に総合職は男性一人だけ、女性はみんな一般職。私企業だから仕方のないことだった」

法子さんは三六歳で新築マンションを購入。頭金は一〇〇〇万円。残りはローンで払ったが、生活費が足りなくなり、夜にアルバイトをしたこともある。ローンを払い終わり、六〇歳になる前の月に定年退職。彼女はまさに「道にある大きな石を避けずにぶっとばしてきた」。

ワンオペ女性は冷徹でなければやっていけない。結婚後の生活、仕事継続の困難さ、意地の悪い社会の目など、ワンオペには社会の病理が凝縮されている。子ども以外なら何を失ってもよいという覚悟で臨まなければ続けられない。

彼女の話は多くのワンオペ女性とあまり変わらない。しかし、二〇歳から単身で三九年四か月、同じ職場で「石があっても避けずに」歩き通した自立心の強さは、並大抵ではない。母親の手を借りたとしても、経済的自立を全うするために、精神を傷つけられ、自己犠牲を払ってきたことは想像に難くない。女性が経済的に自立し通すには犠牲がつきものである。犠牲がなければ自立はできないといってよい。ことに賃金労働をしながら母親であり続けるためには、多くの場面で犠牲を払う。その犠牲は時として健気にもなるが、あわれみ、蔑まされた視点でみられることもある。誰かの（多くは子どもの）犠牲になるという役を割り振られた理不尽な存在ともみられる。だが、自己犠牲的な愛を抱いてこの世に生み落とされた女性がいなければ、社会はもっとすさんだものになる、と私は思う。

もろさわようこ著『おんなの歴史』（一九七〇 未来社）には明治を生きた女性の興味深い現実が描かれている。もろさわは『明治国民亀鑑』（内閣官房一八九七）という、一八八二年から一八九七年の一五年間に国民の模範となった各種褒章受章者の事例を挙げ、論評している。女性褒賞者の一例は下記のようだ。

「寡婦として極限的な貧しさのなかで、やっと育てた我が子が徴兵されたとき、忠君愛国に身も心も尽くすよう励ました……（貧しい者の生んだ子が、国家の御用にたつのはありがたいと泣いて喜んだなどの事例もある）（筆者注）。（略）彼女らは多産で、男と同様な生産労働に携わる他に家事、育児の負担が余計に加わった。残酷極まる犠牲と献身が極貧のなかで強いられた。政治のゆがみを身一杯にうけ、非人間的な状況に喘ぎながらも、なおうらみごと一つ言わず逆境を黙々とおとなしく耐えて生きる人たちを国民の鏡として国家はほめたたえている」

明治に作られた「家族制度」のなかで犠牲的、献身的に生きたけなげな女たちを、国民の亀鑑として政府は表彰した。それは体制安定のためのプロパガンダであり、非情なものであるともろさわは指摘する。この場合、犠牲とは美談であるが実態はそうではなく、背後には醜悪な意図があるのだが、それを美談にすり変えている。隠れたこの意図は現代でも生きている。「良妻賢母」というイメージで一部女性に受け入れられている。

もろさわはこれら女性を「無限大の犠牲」と形容している。

だが、私は現代において犠牲をこのような側面だけで捉えるのは、現実を正確に把握していないと考える。だいいち明治と現代の女性の違いは大きい。その一方で、異なった時代、異なった社会でありながら、そこには相似形の女性の姿が見えるのである。明治と異なる現代の女性の姿とは、政治的意図を振り払えるようになった女性である。だから、犠牲という現象を明治時代の非情な政府の意図と捉える視点をもちつつ、もう一つの視点を押さえておかなくてはならないと思う。

現代の女性の多くは豊かさに加え、学歴と学力をもち、自立ということを理解している。彼女らは経済的にも生活の上でも自立が可能である。それを成し遂げる気力、精神力がある。明治以降一〇〇年を超す歳月のなかで、これらの力が女性のなかに培われなかったら、今日の、そして今後の日本も成り立つことはないだろう。

先に述べたように自立とは犠牲を伴うものである。もし、その犠牲が悲惨極まりない理不尽なだけのものであったなら、現代、多くの女性はワンオペなどしないはずだ。彼女たちは自身のしている子育てや家事に何ものにも替えがたいものを感じているからこそ、あえて犠牲を伴う自立を選ぶのである。

私には娘が二人いる。長女が九歳、次女が五歳くらいの母の日のことだった。日曜日だが朝から家事をこなし、私がダウン寸前の時だった。もうじき昼食という時間、キッチンで何やら作っている気配がした。覗いてみると長女は大きな鍋をかき混ぜ、次女は踏み台に乗って調理台を粉だらけにしてめん棒を使っていた。

「何を作っているの？」と聞くと、長女は振り返って「母の日のお昼ごはん」と言った。テーブルには新聞記事の切り抜きがあった。それは私が何日か前に「今度はこれを作ろう」ととっておいたものだった。メニューはインドカレー、ナン、そしてラッシー。長女はチキンカレーの鍋をかき混ぜ、次女はナンの生地をこねてめん棒で伸ばしていた。その後、ナンをフライパンで焼き、めでたく母の日の昼食が出来上がり、三人で食べた。何よりのご馳走だったのはいうまでもない。ちなみにラッシーは私がつくった。

どこかに置いておいた新聞記事に長女が気づき、二人で「お母さんのために」とつくったのは想像できる。私がいつも疲れ切っているのを知っている二人の「わたしたちのために働いてくれている」というお礼の気持ちだったのだ。

犠牲とはそれらを被った結果、犠牲の恩恵を受けた者の精神の奥深くに沈み、残っていく何ものか、なのだ。それは親子でも親子でなくても、人と人との気持ちをつなげていく行為である。犠牲になったと思う側は、犠牲になった自分が慰められたと感じたその時ほっとする。そしてまた、その犠牲が生きがいとなる。そういう側面をもつものである。

だから私は言いたい。

ワンオペ女性は犠牲者ではありませんよ。そのための報いはすでに受けている。これが報いだと気づくのはいまではないかもしれません。たとえ気がつかなくても、経験してきたことは気持ちの奥深くに刻み込まれ、あなたの「よい思い出」となって人生のつらいとき苦しいときの支えになってくれることは確実だと思います、と。

梶原公子　かじわらきみこ

略　歴

1950年生まれ。静岡県立静岡女子大学卒。高校家庭科教員として20年あまり勤務。退職後、立教大学大学院で社会学修士、聖徳大学大学院で栄養学博士。のち管理栄養士資格を取得。社会臨床学会運営委員、NPO法人ニュースタート事務局、地域ユニオン等での活動を経て、「これからの時代の女性の自立」をテーマに取材執筆活動をおこなっている。

著書に「男社会をぶっとばせ！ 反学校文化を生きた女子高生たち」「コミュニティユニオン 沈黙する労働者とほくそ笑む企業」「25パーセントの女たち 未婚、高学歴、ノンキャリアという生き方」（あっぷる出版社）、「健康不安と過剰医療の時代 医療化社会の正体を問う」（共著／長崎出版）「若者はなぜ自立から降りるのか 幸せなヒモ婚へ」（同時代社）、などがある。

自立と犠牲 ワンオペ女性のライフストーリー

2025年1月20日　初版第1刷発行

著　者　梶原公子

発行者　渡辺弘一郎

発行所　株式会社あっぷる出版社
〒101-0065 東京都千代田区西神田2-7-6
TEL 03-6261-1236　FAX 03-6261-1286
http://applepublishing.co.jp/

装　幀　クリエイティブ・コンセプト

印　刷　モリモト印刷

次世代の女性論。イデオロギーを超えて

男社会をぶっとばせ！
反学校文化を生きた女子高生たち

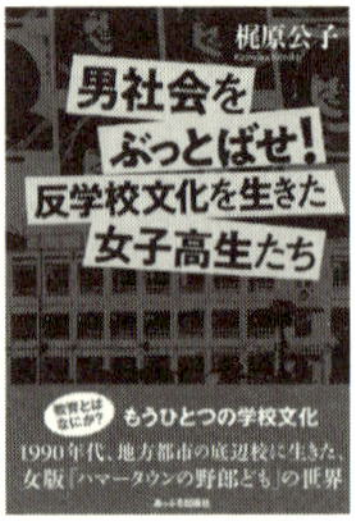

彼女たちは学校が好きだった。勉強嫌いであり、成績はふるわず、素行も悪い。にもかかわらず、彼女たちは学校を休むことを知らなかった。地方都市の底辺校を舞台に繰り広げられる、女子高生版「ハマータウンの野郎ども」。

梶原公子／著
ISBN978-4-87177-364-5
46 判並製 192 ページ
定価：本隊 1500 円＋税

コミュニティユニオン
沈黙する労働者とほくそ笑む企業

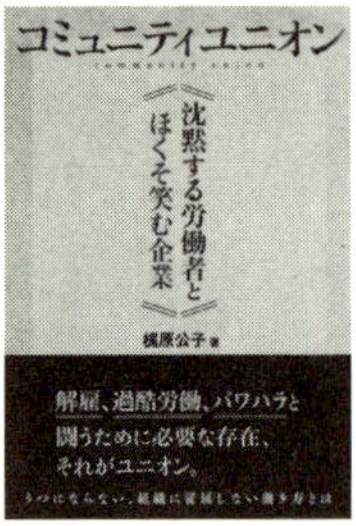

過剰労働、解雇、パワハラ、セクハラと闘うためにはなにが必要か。憲法よりも労働基準法よりも先につくられた労働組合法。パートでも派遣でも外国人でも入れる地域ユニオン。これらの存在を再認識するための１冊。

梶原公子／著
ISBN978-4-87177-358-4
46 判並製 224 ページ
定価：本隊 1800 円＋税

25 パーセントの女たち
未婚、高学歴、ノンキャリアという生き方

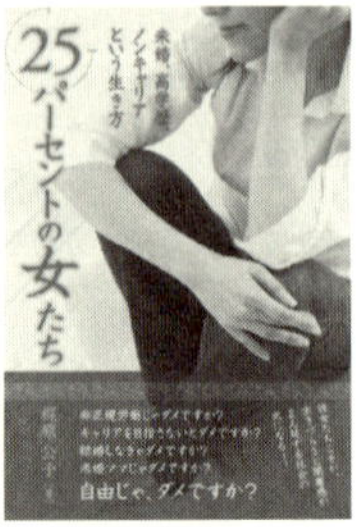

学業から就職、結婚から出産、主婦。この「当たり前」とされてきたライフコースを選ばない女性が増えている。キャリアにこだわらず、男に媚びず、世間に流されず、閉塞する社会を生きる女たちの生き様とは。

梶原公子／著
ISBN978-4-87177-324-9
46 判並製 224 ページ
定価：本隊 1600 円＋税